思维的
MONETIZE YOUR

张吉亮 编著

THINKING
变现

中国纺织出版社有限公司

内 容 提 要

我们都知道行动和努力的重要性，然而很多人总是浑浑噩噩，只知道埋头做，却没有成效。究其原因，是很大一部分人缺乏将思维变现的意识和能力。变现思维其实就是指我们做任何事都要有结果，这个结果可能是金钱收益，也可能是价值呈现。只有具备思维变现的意识和能力，我们的行动才更有方向性，更有效率。

本书立足于"思维变现"这一角度，结合成功者的事例和思维方式，带领读者认识思维对于行动的指导作用，引导读者改变传统的思维和认知，提升读者思考和解决问题的能力，帮助读者开拓新的人生道路。本书内容通俗实用、可读性强，希望能给广大读者带来全新的启示。

图书在版编目（CIP）数据

思维的变现/张吉亮编著. --北京：中国纺织出版社有限公司，2023.12
ISBN 978-7-5229-0953-0

Ⅰ.①思… Ⅱ.①张… Ⅲ.①思维方法 Ⅳ.①B80

中国国家版本馆CIP数据核字（2023）第169152号

责任编辑：林　启　　责任校对：高　涵　　责任印制：储志伟

中国纺织出版社有限公司出版发行
地址：北京市朝阳区百子湾东里 A407 号楼　邮政编码：100124
销售电话：010—67004422　传真：010—87155801
http://www.c-textilep.com
中国纺织出版社天猫旗舰店
官方微博 http://weibo.com/2119887771
天津千鹤文化传播有限公司印刷　各地新华书店经销
2023年12月第1版第1次印刷
开本：880×1230　1/32　印张：6.5
字数：100千字　定价：49.80元

凡购本书，如有缺页、倒页、脱页，由本社图书营销中心调换

前言
PREFACE

身处竞争激烈的现代社会，我们任何人都无法摆脱奔波劳碌的命运，每个人都必须承受巨大的压力。我们越来越忙碌，忙于工作，忙于家庭，甚至还有不少人因为长期忙碌而损害了身心健康。一些人感慨道："即便付出那么多，上司还是看不到，报酬还是那么少，家人也依旧不理解。"于是，他们开始无止境地抱怨……

然而，我们也看到有一种人，他们似乎总是生活得很悠闲，不但每天早上可以享用营养丰富的早饭，还能在结束工作后优哉游哉地逛街；他们似乎感受不到什么压力，也很少牺牲休息时间加班；面对同样棘手烦琐的工作，他们总是能将工作处理得有条不紊；他们不但工作做得好，受到领导器重、下属青睐，而且懂得享受生活。

以上两种人，前者终有一天会忙得崩溃，后者则仍旧悠然自得，迎接着更多的人生喜悦，并一步步走向事业的巅峰。很明显，我们都想成为第二种人。前者之所以忙，是因为他们"瞎"忙，忙得没有头绪。事实上，评价一个人做事做得好不

✓ 思维的变现

好,主要看最后的成果,而不是看他有多忙。这就是我们所说的变现思维,也称结果思维。

那么,什么是变现思维呢?

变现思维其实就是指我们做任何事都要有结果,这个结果可能是金钱收益,也可能是价值呈现。缺乏变现思维,只是盲目勤奋,闷头做事,你就会迷失方向,工作毫无头绪,生活杂乱无章。结果是越忙越穷,越穷越忙,不知不觉地浪费掉宝贵的时间。

卡曾斯说:"把时间用在思考上是最能节省时间的。"这是一句非常有哲理的话。通俗地说就是做事要动脑子。如果对一件事情分析认识得不透彻,就很难找到正确的方法,不能对症下药,自然就无法以最短的时间达到目的。可以说思考是提高效能唯一的捷径。为此,在生活和学习中,我们每个人都应该养成多动脑的习惯,尽量以最快的速度解决问题。

同样,运用灵活的变现思维模式,你会发现,在第三产业快速发展的今天,只要能感觉敏锐并有的放矢地解决问题,那么即使你没有足够的物质后盾,也能成功。

在这里,我们看到了变现思维的力量。我们也应该试着锻炼自己的头脑,扩展自己的眼界和思维。事实上,生活中,很多人之所以失败,就是因为他们一直在做无用功。如果你也是

前言

一个不爱动脑的人,那么,你不妨试着学会思考。一旦你掌握积极思考的惊人力量,就能通过它解决任何困难。即使是那些杂乱无章的事情,只要你运用思考的力量,也能将它们一一理顺。思考不是"无用功"的代名词,而是"节能、省力"的同义词。也许你现在就想找到一本能彻底帮助你改变思维的指南,而这也正是我们编写本书的初衷。

翻开这本书,你将惊奇地发现原来你曾经的时间被大量地浪费了;你的认知会被彻底颠覆;你会在有限的时间内游刃有余地驾驭忙碌的工作和生活,而这绝非幻想。熟读本书,你就犹如掌握了一把从容应对生活和工作的"金钥匙"。因为它会细致地告诉你如何带着思考工作和生活,如何避免盲目忙碌,从而让你的人生更加从容,走向更为光辉的未来。

编著者

2023年8月

目录
CONTENTS

第01章　运用思维的力量：发掘最好的自己 … 001

　　思维是行动的先导 … 003

　　用脑去想，用心去做 … 007

　　打破"乖孩子"逻辑，人生会获得强大的助力 … 011

　　肯定自我，走出属于自己的人生之路 … 018

　　坦然接受自己，与自己和解 … 023

第02章　目标思维：凡事预则立，提前规划成功率更大 … 029

　　明确目标，才能挖掘出体内蕴藏的巨大潜能 … 031

　　奔跑前，别忘记规划你的行程 … 033

　　分解你的梦想，然后逐步攻克 … 038

　　走一步看三步，站得高才能看得远 … 043

　　考虑细节，将所有可能出现的问题扼杀在摇篮中 … 045

第03章　成长思维：认清自己的优势，武装好你的大脑 … 049

　　与其抱怨，不如加倍努力 … 051

集中精力发展自己的长处,让自己出类拔萃 … 056

经营自己喜欢并擅长的事情,更容易变现 … 061

树立"权威",建立起自己不可替代的地位 … 064

多一门技艺,多一种人生选择 … 068

自我展现,让他人看到你的价值 … 072

第04章　行动思维:去想不如去做 … 077

梦想宏大,不如从点滴做起 … 079

你唯一需要战胜的是你自己 … 083

一旦失去生命的"1",一切就会全变成"0" … 086

时代日新月异,你必须求新求变 … 089

每天都多做一点,成功早到一点 … 091

人的精力有限,专注才能变现 … 094

第05章　审慎思维:尽量做到有据可依,避免不切实际 … 097

做事求稳健,克服急功近利的思想 … 099

考虑周详,有了胜算的可能再去做 … 102

客观分析,不要人云亦云 … 104

行动之前,必须用心去观察和思考 … 107

目录

第06章 强者思维：像成功者那样去思考，去努力 … 109

站在巨人的肩膀上，借鉴成功人士的思维模式 … 111

兼听则明，前辈的意见也许对你有所启发 … 117

为自己树立一个榜样，使其成为你人生的样板 … 120

找到使命，并坚持不懈地为之努力 … 124

超越成功者，你就一定能够获得更大的成功 … 127

想要成功，先要像成功者一样思考 … 131

第07章 机会思维：不期而至的机遇，有准备才能抓住 … 135

事预则立，努力提高和完善自身 … 137

机会稍纵即逝，与其消极等待不如主动出击 … 141

告别羞涩，机会来临时大方迎接 … 145

信息时代，信息就是变现的资本 … 149

只要用心，就能发现扭转命运的机会 … 152

第08章 变通思维：养成变通的思考习惯和灵活机动的行为模式 … 155

不知变通，只会被时代洪流甩下 … 157

逆向思维，由结果倒推原因 … 161

他人的成功经验并非放之四海而皆准 ⋯ 165

适当吃亏，才能谋求长远的发展 ⋯ 168

发现和提出问题，是解决问题的前提 ⋯ 172

第09章　财富思维：奇思妙想，帮你打开变现之门 ⋯ 177

要创造条件，坐享其成的人永远等不来成功 ⋯ 179

解开头脑中的束缚，让新点子快速运转起来 ⋯ 182

只要有头脑和眼光，哪里都有金子 ⋯ 186

敢于冒险，看准了就去做 ⋯ 190

有效整合，资源少也能爆发出巨大的力量 ⋯ 193

参考文献 ⋯ 195

第01章

运用思维的力量：
发掘最好的自己

第01章　运用思维的力量：发掘最好的自己

思维是行动的先导

思维决定一个人前行的方式。不同的人有不同的思维方式，想法不一样，脚下的路自然就不一样。善于强化自己的思维，以发散性思维去考虑问题，才能取得非同一般的成效。这就是说，思维引路能够化解我们所遇到的现实问题。

人的思维能力包括观察力、想象力、判断力等几个重要方面。观察力是思维能力的源头。观察，不是随便地观看，而是有目的、有计划、有步骤、有选择地去观看和考察所要了解的事物。通过深入观察，我们可以从平常的现象中发现不平常的东西，可以从表面上貌似无关的东西中发现相似点。另外，在观察的同时必须进行分析。只有在观察的基础上进行分析，才能引发思考，形成创造性的认识。

大侦探福尔摩斯的搭档华生医生拿出一块表，请福尔摩斯说出它旧主人的习惯和性格。对于普通人而言，仅从一块表上

思维的变现

能得到多少信息呢？但福尔摩斯拥有非凡的观察能力和思考能力。他先从表上的姓氏符号推断出表是华生家族的长子——也就是华生医生的哥哥的，然后又继续推测道：

"你哥哥是一个放荡不羁的人，常常生活潦倒，但偶尔也时来运转。最后他是因为嗜酒而死。这都是我从表上看出来的。"华生医生问他其中的缘由，福尔摩斯说道："请看这只表。我说你哥哥的行为不检点，不仅是因为它上面边缘有两处凹痕，而且整个表盘还有无数划痕。这是由于表的主人习惯把表和钱币、钥匙一类的硬东西放在一个口袋里。对一只价值50多英镑的表这样漫不经心，说他生活不检点，总不算过分吧。

"另外，伦敦当铺的惯例是：每当进一只表，必定要用针尖把当票的号码刻在表的里面。我用放大镜细看，发现这类号码至少有4个。于是我得出结论：你哥哥常常窘困，屡次去当表。但是，他的境况有时也还不错，否则他就没有能力去赎当了。

"最后，请你注意这表的钥匙孔的里盖。围绕钥匙孔有上千个伤痕，这是被钥匙摩擦造成的。清醒的人插钥匙，不是一插就进去了吗？而醉汉的表却常常留下这种痕迹，因为他多半会在晚上上弦，喝醉后眼睛发花手发抖，所以留下了这么多痕

第01章 运用思维的力量：发掘最好的自己 ✓

迹。"华生医生听后，不禁对他十分佩服。

这是经典推理小说《福尔摩斯探案集》中的一段小故事。普普通通的一只表，大侦探福尔摩斯却从中得到这么多有价值的信息，这是善于用发散性思维进行因果推演、层层递进分析的必然结果。很多问题的实质都隐藏在肤浅的表象后面。因此，在观察的同时必须进行逻辑推理。只有这样才能引发思考，形成创造性的认识。

在观察和推断的基础上，如果能将想象力融入其中，就可以促进思维的升华，达到出奇制胜的效果。

所谓想象，就是由保存在记忆中的表象出发，对这些表象进行加工、改造，从而产生新思想、新方案、新办法，或者创造出新形象的思维过程。想象是创造者对头脑中储存事物的特征和信息的一种重新组合和创造，常伴随着生动的图像，所以是形象思维的结果。想象力能提高创新的层次，因为它不受已有事实的局限，也不受逻辑思维的束缚，并能为你拓宽创新的视野。

从前，古埃及人想知道金字塔的高度，但由于金字塔又高又陡，人工测量十分困难。为此，他们特意向一位智者请教。智者通过实地观测，确定了一个巧妙的方案。他让助手垂直立

✓ 思维的变现

下一根标杆,并不断地测量标杆影子的长度。开始时,影子很长很长。随着太阳渐渐升高,影子的长度逐渐缩短。当标杆的长度与影子的长度相等时,智者连忙让助手测出金字塔影子的长度,然后告诉在场的人:这就是金字塔的高度。

实践经验告诉我们,一切创新活动都离不开想象的先导作用。想象是人类思维得以充分发散的自由翅膀。如莱辛所说,"缺乏想象力的学者,只能是一个好的流动图书馆和一本活的参考书。他只会掌握知识,但不会创新。"没有想象力,一般思维就难以升华为创新思维,也就不可能做出创新。

爱默生说过:"思维是行动的先导。"思维指导行动,倘若思维受到禁锢,行动必然有所局限;倘若思维路线发生偏差,行动必定会被导入错误的方向。思维是一切行动的基础。在思维的引领下,我们可以到达想去的任何地方。

第01章 运用思维的力量：发掘最好的自己

用脑去想，用心去做

每一个人都要努力做到用脑去想，用心去做。学会思考，学会发现问题、解决问题，认认真真地做好每一件事。聪明地做事，好机会就会来到你的身边。大部分人都顺从于他们的欲望，忙碌、盲目地工作，以至于没有时间思考节省时间和精力的方法。缺乏思考能力和做事方法的人往往事倍功半。这儿有一个悬驼就石的故事，可以给我们一些启示。

古时候有个人得到一匹死骆驼。回到家后，他开始给骆驼剥皮。剥了一会儿，他发现刀子不快了。楼上有块磨刀石，于是他一会儿上楼磨刀，一会儿下楼剥皮。上上下下，累得他气喘吁吁。

几次三番之后，他觉得哪里不对，拍了下脑袋，恍然大悟：骆驼离磨刀石太远了。于是他想了一个办法，费尽力气把骆驼弄到二楼，悬挂在窗口开始剥皮。这下他磨刀就方便多

思维的变现

了,也不必再跑上跑下,他因此得意得很呢。

剥骆驼皮的人没想到,在众多的方法中,他所使用的方法是最费力气、效率最低的一种。大块头的骆驼相比小小的磨刀石,显然要难搬多了。这就像走路,明明有很多近路,可他偏偏不走,就是一心一意地绕圈子,十分疲惫不说,还达不到目的。我们在刻苦的同时,最好选择最近的最佳的方法,这样才能事半功倍。通过走近路而省下时间去干其他的事,会使我们有更大的收获。

如果你在学习和生活中,往往付出很多,却很少得到对等的回报,这时候,就应该考虑一下自己做事的方式了。这就好比一群人上山砍柴。他们有人收集地上的枯枝碎叶,有人用铁锹挖树,而有人用锋利的斧头砍树枝。在这三种做法中,当然是砍树枝的人的方法实用有效。扫树叶和挖树的人,虽已累得汗流满面,却很难看到可观的成效。事实上,方法的重要性,在各行各业都有较为直接的体现。

19世纪时,中国瓷器大量出口欧洲。中国瓷器一向以造型优美、制作精细著称。然而,这些怕磕怕碰的易碎品,是怎么经过重重风浪,漂洋过海安然到达目的地的呢?

在一般的思路里，肯定是将它们层层保护起来。但这样无疑增加了运输成本，算不上最佳方法。人的智慧是无穷的。当年中国商人是这样将瓷器运送出口的：他们先在精雕细刻的樟木箱里填满茶叶，将瓷器打包埋在茶叶里。然后把樟木箱装进固定在船舱地板上的大木箱里，用次等的茶叶塞满四周。这样一来，由于内外两层茶叶填充得非常紧密，木箱做得又十分结实，即使在海上遇到风浪，货物也可以毫无损伤。

货船靠岸，商人们把茶叶筛选分包，卖给茶商。小樟木箱被当成首饰盒卖到各地的古玩店，大些的卖给欧洲人当家具，最后卖的才是瓷器。里里外外都没有浪费的东西，利润非常可观。

这就是古人的统筹学，是低损耗、高收益的典范。对于现代人来说，防压防震的方法可能有很多，但这些都归功于科技的发展，而不是单纯的方法创新。在现有的条件下通过对资源的调配组合而合理且富有创新性地实现最大价值的方法，才能称为好方法。

人活于世，仅仅知道该做什么是不够的。因为人的命运取决于做事的结果，而做事的结果取决于做事的方法。持之以恒、有毅力、肯努力，这些都是优秀的品质。然而，光有肯吃

思维的变现

苦的品质是不够的。抓不住事情的关键所在，只知道埋头做事的人，最后只能是白费气力，解决不了任何问题。这就像有人曾经问一位高尔夫球高手："我是不是要多练习？"高尔夫球高手回答道："不。如果你不先把挥杆要领掌握好，再多的练习也没用。"

无数人的实践经验证明了这一点：单纯努力工作并不能像预期的那样给自己带来快乐，一味地勤劳也不能为自己带来想象中的生活。懂得思考、掌握方法，这是做事最关键的要点。身处于竞争激烈的社会，同样一项工作任务，有的人可以十分轻松地完成，而有的人还没有开始就时不时出现这样或那样的问题。其中的差别就在于前者是用大脑在工作，想方设法去解决问题。只有在工作中主动想办法解决困难和问题的人，才能成为最受欢迎的人。

在生活中，我们不可能总是一帆风顺。当遇到难题的时候，绝不应该一味蛮干，要多动脑筋，思考自己努力的方向、做事的方法是不是正确。

打破"乖孩子"逻辑,人生会获得强大的助力

在现代社会中,很多人不是乖乖女,就是乖乖儿。他们从小沿着父母为他们铺设好的道路成长,从来不会做违反父母规定的事情,更不会做逾越规矩的事情。这样的人,也许一生波澜不惊,不会遭遇大风大浪,却总是在已经预定好的道路上前行,未免让人感到兴味索然。人生令人感到畏惧,是因为人生中的很多事情都不可预知;人生充满魅力,也是因为人生不可预知,因而充满了无限的可能性。要想拥有精彩的人生,偶尔"不听话",坚持做自己喜欢做的事情,走自己想走的道路,会带给人生强大的助力。

很多人都抱怨人生不如意,例如原生家庭不好,父母没有给自己打下深厚的基础,没有考上好大学,工作很辛苦等。这些抱怨看似有充分的理由,实际上是不知足的表现,不知道如何更好地展开人生的画卷。在如今的职场上,有谁工作不辛苦呢?如果作为职员抱怨工作辛苦,那么可以看看老板。他们不

✓ 思维的变现

但要和员工一样努力工作，还要全力以赴地拼搏，根本没有真正属于自己的时间，全年无休。如果作为老板抱怨辛苦，那么不如看看职员。老板辛苦工作至少是为了发展自己的事业，而职员辛苦工作，却只是为了赚取微薄的薪水。有一些女性在家相夫教子，也会觉得很辛苦，那么不妨看看那些需要兼顾家庭和事业的女强人。她们一边在职场上拼搏，一边照顾全家，还要辅导孩子功课。只要激发了自己所有的潜能，每个人都是超人。所以不管在社会生活和家庭生活中扮演怎样的角色，我们都不要觉得辛苦，而要更加拼尽全力地做好自己该做的事情，才能创造属于自己的奇迹。

不管是加班加点地工作，还是每天为了全家人的一日三餐而忙碌；不管是四处出差，日日奔波，还是整天在家相夫教子，为全家人的吃穿用度、饮食起居而操劳；不管是做着自己喜欢的事情不知疲倦，还是身不由己地做着不喜欢的工作，一刻也不能停歇——总之，现代人的生活没有容易的。无论扮演怎样的角色，无论承担怎样的重任，我们都要努力向前，坚持不懈，奋力拼搏。

相比于那些没有工作的人，我们的力气有处可用，是幸运的；相比于那些没有家庭负累的单身人士，我们拖家带口是幸福的……幸福没有统一的标准，为了所爱的人，为了家庭，为了自己，我们不遗余力地争取做到最好，并且还有舞台施展自己的才华，就是最大的幸福。

然而，这并不意味着我们面对命运的不公只能逆来顺受，也不意味着我们除了扮演当前的社会角色外没有任何其他的人生之路可走。我们完全可以捍卫自己的正当权利，完全可以选择走另一条人生之路。很多时候，限制和禁锢我们的不是那些身外之物，而是我们的心理状态。当我们觉得一切都是理所当然的，我们就会无力与之抗争；当我们无法迈过心里的那道坎，我们就会被囚禁一生。

也许在靠父母照顾成长的阶段，我们做了"乖孩子"。但是当一天天长大，开始独立面对这个竞争激烈的社会之后，我们要学会说不，要跳出"乖孩子"的逻辑，要勇敢地活一回。谁说我们一定要服从权威呢？谁说权威就一定是正确的呢？

有一次，日本音乐指挥家小泽征尔参加世界指挥家大赛。他参赛的顺序靠后。在登台后，他按照大赛给定的乐谱指挥，演奏到一半时，突然听到演奏出现了错误。他指挥乐队从头开始演奏，但是演奏到一半的时候，又出现了同样的错误。这个时候，他意识到不是乐队的演奏出现了问题，而是乐谱有问题。因而，他当即指挥乐队停止演奏，开始详细检查乐谱。果

思维的变现

然,他发现乐谱上有一个不易察觉的错误。

小泽征尔向大赛组委会反映了这个错误。要知道,大赛组委会成员都是音乐界的专业人士。大家都说乐谱没有错。小泽征尔却不畏惧权威,在沉思片刻后,他坚定地说:"就是乐谱错了。"没想到的是,当他这样说了之后,大家都站起来给他鼓掌,他也赢得了比赛的冠军。

原来,这个不易察觉的错误正是比赛的一道题目。在小泽征尔之前,也有两位指挥家怀疑乐谱出错了。但是在被大赛组委会否定了之后,他们相信了权威,否定了自己,因而与冠军失之交臂。小泽征尔之所以能获得冠军,是因为他有良好的心态,坚定不移地相信自己,打破了"乖孩子"的逻辑。

在工作中,哪怕领导总是提出不合理的加班要求,"乖孩子"也往往委曲求全,逆来顺受,而从未想过自己也可以开诚布公地和领导谈一谈,做出自己的选择。因为"乖孩子"从小得到父母无微不至的照顾,即便长大成人,也依然活在乖孩子的逻辑之中:我没犯错,你不能惩罚我;我什么都听你的,你不能抛弃我;我按照你期望的去努力,你不能指责我。在这个过程中,"乖孩子"不知不觉间臣服于权威,而很少会努力表达自己真实所想的,争取自己真正想要的。这样的委曲求全、忍辱负重,最终换来的是什么呢?不是领导的认可和赏识,也不是领导的夸赞和重用,而很有可能是更加过分的苛刻要求。

除了在和领导的相处中充当"乖孩子"外,还有些人在与客户的相处中也失去了话语权,处于"乖孩子"的地位。不得不说,作为甲方,客户在工作关系中占据着绝对优势,但这并不意味着我们要对客户言听计从。很多销售人员对客户赔着笑脸,放低姿态讨好,误以为这样就能赢得客户的信任,能得到客户的托付。但其实,客户需要的是一个专业的顾问,而不是一个只有服务意识的销售员。在销售商品的时候,销售员要承担起顾问的角色,那么就要挺直腰杆,不卑不亢地给予客户中肯的建议。毕竟客户是外行,并不真正了解某件商品,也不熟悉某个领域的交易。那么销售员只有当好客户的顾问,才能赢得客户的信任,也才能被客户委以重任。

贾飞是一名房地产公司的销售员。虽然是一个男子汉,但是在面对客户的时候,他却畏手畏脚,总是对客户点头哈腰。尽管服务态度深得客户认可,却很少能促使客户达成交易。眼看着周围的同事都取得了很好的销售业绩,贾飞也很着急,特意请教老同事。老同事对贾飞说:"你大概是把自己当成餐馆服务员了。只顾着满脸堆笑地为客户服务,却忽略了关键是要

✓ 思维的变现

给客户专业的指导意见，要帮助客户解决问题，要以专业的形象出现在客户面前。你说话毫无力度，客户只会享受你的服务，却不会听你的，你也就无法引导客户达成交易。"老同事的一番话一语中的，贾飞陷入了沉思之中。的确，一直以来，他都想要服务好客户，却扮演了错误的角色，没有摆正自己的位置。

固然，客户是我们的衣食父母，我们要为客户服务。但是在人格上，我们与客户是平等的。我们为客户服务，无须卑躬屈膝。我们与客户之间的关系是交换关系：我们为客户提供专业的服务，客户为我们付出金钱。

不要对客户言听计从，也不要秉承24小时为客户服务的原则。在工作时间之外，如果客户提出要求见面，我们可以说自己正在度假或正在处理私人事务，并拒绝客户的请求。听起来，这好像是把生意拒之门外了。但其实这样专业的举动反而能给客户留下好印象，让客户知道你把工作和生活分得很清楚。你如此热爱生活，也必然很热爱工作。

根据销售人员服务的态度，有人把销售分为两种：一种是权威式销售，另一种是讨好式销售。作为销售员，我们无法始终讨好客户。既然如此，为何不从一开始就摆出正确的姿态与客户相处呢！在众多的行业中，都有这两种类型的销售员。事实告诉我们，权威式销售所取得的效果更好。权威式销售员是客户的引导者，是客户的顾问和专家，而讨好式销售员是客户的服务者，是客户的导购员和服务员。那么，不想当"乖孩子"的你，决定要成为哪一种类型的销售呢？

在工作和生活中，我们固然要学会配合，却也要坚持特立独行。当我们和别人截然不同，我们可能会产生强烈的不安全感，觉得自己不管多么努力，都不能做到最好。其实没关系，我们即使不能做到别人眼中的最好，也可以做到自己认为的最好，这才是最重要的。坚持做自己，坚持做独一无二的自己，拥有特别的人生，这是最大的成功。"不听话"的人生才是独一无二的人生。改变，就让我们从"不听话"开始吧！

◉ 思维的变现

肯定自我,走出属于自己的人生之路

很多人都过于看重别人的认可,总是希望自己能够表现得更好,从而获得他人的认可与赞赏。由此充满了动力,努力做得更好。不得不说,这样的想法会让自己变得十分被动。毕竟我们做很多事情都是为了自己,而不是为了别人。人是群居动物,每个人都生活在人群之中。如果不管做什么事情都要追求他人的认可,那么就会限制自己,使自己变得迷惘,不知道自己应该如何做才能达到预期。不得不说,一个人即使再怎么改变自己、迎合他人,也不可能得到所有人的喜欢。从另一个角度来看,一个人也不可能保证喜欢自己遇到的每一个人。我们固然要从谏如流,吸取他人的意见,积极地改善自己;却也要坚持主见,明白自己应该成为怎样的人,希望拥有怎样的未来。这样才能走出属于自己的人生道路,也才能在成长的过程中做自己,成就最好的自己。

现实生活中的很多人之所以感到迷惘,就是因为他们没有

第01章 运用思维的力量：发掘最好的自己 ✓

明确人生的目标，也不知道自己为何努力。有太多的人之所以努力拼搏，就是希望自己变得更加优秀，从而得到他人的赞赏。这样的人往往没有底气，也没有自信。他们只有被别人认可才能实现自己人生的价值，才会认为自己是出类拔萃的。这样的人缺乏内部驱动力，不管做什么事情都需要外部驱动力来驱使自己，因此更难坚持做好自己认为该做的事情。

渴望得到赞美是每个人的本能，这是无可厚非的。但是如果过于期望得到赞美，而忽略了自身的成长才是更重要的，那么就会陷入成长的误区。缺乏自信的人一旦被他人批评或否定，就会马上感到很紧张，甚至会很愤怒，似乎自己真的如同他人所说的那么不堪。这不是因为他人过于吝啬，不愿意认可和赞赏他，而是因为他本身陷入了思维的误区：认为对方只要没有态度鲜明地认可自己，就是在否定自己；认为对方只要没有态度鲜明地爱自己，就是不爱自己。毫无疑问，这是对于认可与爱的误解，对于人际交往是十分不利的。

即使他人没有明显地表示认可和尊重我们，没有明确地向我们表达爱，我们也不应该因此而妄自菲薄或者怀疑自己。我们应该告诉他人：我们是值得被尊重与被爱的。当然，如果对方并没有直接否定或者打击我们，我们也无须把对方想得那么糟糕。也许对方只是不善言辞，或者不擅长表达爱。真正的自

◉ 思维的变现

信来自我们自己。当我们是一个自信的人，我们就不会因为他人的评价而情绪波动，更不会因为他人的批评而否定自己。

有的时候我们过于看重他人的评价。我们总以为他人都在关注我们，都在瞩目我们。实际上，这是过于以自我为中心的表现。现实生活中，大多数人都承受着巨大的生活压力，每天都行色匆匆地奔波，既要照顾家庭，又要承担工作，哪里有那么多时间去妥善地照顾他人的情绪和感受呢？所以我们应该肩负起照顾自己、鼓励自己的重任，让自己能够积极地应对一切，从而始终充满力量。

退一步而言，一个人即使不被他人喜欢、不被他人深爱、不被他人认可、不被他人重视，那又有什么关系呢？我们与其抱怨他人，不如先问问自己：我们凭什么被他人喜欢和重视？我们为什么如此需要得到他人的认可？即使我们长得漂亮，能力很强，赚钱很多，职位很好，他人也没有充分的理由必须认可和赞赏我们。因为我们所拥有的一切，我们努力做到的一切，都不是为了他人，而是为了自己。所以请自己认可自己，自己赞赏自己，自己给予自己力量。这样才能让自己有更美好的未来和更突出的表现。

一个人之所以渴望得到外界的认可，是因为无法通过自身来确定自己的价值。例如，一个人不知道自己好不好，就会希

第01章 运用思维的力量：发掘最好的自己

望借由他人之口认定自己很好。如果我们有自信，如果我们相信自己表现得很好，我们就不会过于在意他人的看法，而是会更看重自己的感受。从心理学的角度来说，一个人内在的自我否定程度与对他人认可的需求强度是息息相关的。当我们不认可自己，我们就迫切需要得到他人的认可；当我们认可自己，就不那么需要他人的认可。尤其是当我们相信自己足够优秀时，哪怕是遭到他人负面的评价，我们也能做到不甚在意，而继续坚定不移地做好自己。

我们有多么强烈地批评和否定自己，就有多么需要得到他人的认可和赞赏。这意味着我们内心力量的匮乏。我们缺乏爱，缺乏认同，缺乏安全感，所以内心不够笃定。在家庭生活中，父母要从小多多鼓励和赞扬孩子；而作为成人，如果不能从他人那里得到认可和赞赏，就应该更加积极地鼓励自己，相信自己可以做得更好，进而明确自己存在的价值和意义。对于人类而言，认可是必需的心理营养。一个人缺乏认可就像缺少心灵的钙，会导致成长的孱弱。而身为成人，还能得到他人的"哺乳"吗？当然不能。所以成人需要做的就是自己"哺乳"自己，让自己的成长不缺"钙"。

在必要的时候，我们还可以寻求专业人士的帮助。例如很多抑郁症患者都生活在自我否定之中，如果能够得到心理咨询

⊙ 思维的变现

师的帮助，就可以渐渐地解开心结，缓解焦虑和抑郁。换一个角度来看，我们还要坚持自我认可，自我成长。在这个世界上，如果我们自己都不信任自己，那么还有谁会信任我们呢？犯错误没关系，遭遇失败也没关系，这都是人生的必然，会给我们的人生带来向上的动力。最重要的是，我们要坚持做得更好，要坚持战胜坎坷困厄，不管多么艰难，都不要轻易说放弃。这样我们才能坚持笑到最后，坚持笑得最好。

与其渴望得到别人的认可，我们不如自己先认可自己；与其过于在意他人的评价，我们不如自己给予自己更高的评价，激励自己勇敢前行。人生的道路上，没有谁能表现得无可挑剔。最重要的是，我们始终保持向前向上的姿态，我们始终都在坚持做最好的自己。

坦然接受自己,与自己和解

作为独一无二的生命个体,你可曾厌倦自己,想要重塑自己?对于自我,普通人一直存在误解,即觉得每个人都肯定是非常欣赏自己的。事实却并非如此。从心理学的专业角度去看,很多人都不接纳自己,甚至十分讨厌自己的某些方面,例如脾气秉性、气质类型等。这让他们陷入了自我矛盾的状态,不知道如何与自己相处。

古人云,身体发肤受之父母。每个人的生命都来自父母,每个人的性格、气质也都与父母密切相关。生命之中的万事万物,有些是可以改变的,有些是不能改变的。与其让自己因为不能改变的事情而陷入痛苦纠结的状态,不如坦然接受和面对这一切,努力争取做到更好。

小宁在心理老师的指导下做了九型人格测试,拿到结果很不开心。原来,测试结果显示,她是"悲情浪漫主义者":很

✓ 思维的变现

容易受到情绪的影响，多愁善感，敏感自卑，喜欢追求浪漫的事物，却对人生怀着消极悲观的态度。也因为缺乏自信，而总是害怕失去。看到这里，你的脑海中有没有显现出一个人？没错，这个人就是林黛玉。读过《红楼梦》的人，很多人都喜欢林黛玉，但是很少有人想要成为林黛玉。因为林黛玉的命运十分悲惨，结局凄凉。相比于林黛玉，可能有更多的人愿意成为薛宝钗。这就是理想和现实的差距。理想总是丰满的，现实总是骨感的。对于一些人而言，在理想和现实之间，隔着漫长的一生。

小宁不想当林黛玉，虽然她承认自己和林黛玉很像。她很清楚自己是怎样的人，但是她不愿意接纳这样的自己。她无奈地说："我愿意成为其他任何性格类型的人，就是不想像林黛玉。"老师忍不住笑起来，说："就像你明知道自己是一个橙子，却宁愿做不是橙子的其他任何水果。"听到老师的比喻，小宁也哑然失笑。

老师对小宁说："九型人格测试是为了帮助我们更好地了解自己，而不是为了让我们讨厌自己。其实，人格测试并不是人生审判，还是可以改变的。而且，每一种性格都有好的地方，也有不好的地方。对于自己不好的性格表现，你可以有意识地改变。当然，前提是你要接受自己，悦纳自己。一个自己

第01章　运用思维的力量：发掘最好的自己 ✓

否定自己的人，不可能做到扬长避短，取长补短。"在老师的引导下，小宁认识到自己之所以擅长写作，就是因为天性敏感细腻。但是，敏感细腻也给她带来了伤害。她总是过于在意他人的看法，而不知道如何与人相处。后来，老师又为小宁分析了如何发挥优势，弥补劣势。小宁终于释然："不管好不好，这就是我，这是最真实的我。我要接纳自己，爱自己，拥抱自己。"

很多人对自己都没有正确全面的认知，这正应了那句诗——"不识庐山真面目，只缘身在此山中。"要想更加客观地认知自己，我们就很有必要全面地了解自己，加深对自己的理解。有的时候，多听听别人口中的我们是怎么样的很有必要。有的时候，我们也可以进行人格测试，这样才能从更专业的角度得到解读和建议。

生活中，选择的机会原本就没有那么多。所以我们要珍惜选择的机会，行使选择的权利。我们如果怀着较真的态度，总是和自己过不去，和自己较劲，那么就会生存得很难。我们要对自己怀有宽容的心态，要更加积极主动地接纳自己，这样才会以更轻松的态度面对人生的诸多选择。俗话说，江山易改，禀性难移。虽然一个人基本的性格类型是很难改变的，但这并

✓ 思维的变现

不意味着一切都将一成不变。我们可以对人格进行调整，也可以放大人格中的优点，适当调整人格中的缺点。在特定的情况下，我们还可以把主要的人格类型的特点与处于从属地位的人格类型的特点进行整合，从而让自己的人格更稳定。

每一种性格特点都既有优点也有缺点。改变不是全盘否定，而是在接纳自我、悦纳自我的基础上对自己进行提升和完善。这是唯物主义的世界。我们看问题要坚持一分为二的观点。举例而言，讨好型人格尽管不懂得拒绝，但是他们很善良，并且以大局为重；有些人特别喜欢指点他人，或者对他人下命令，那么在从事领导工作的时候就会表现出优势；有些人特别较真，以至于锱铢必较，这样的人很适合从事会计工作，因为会计工作就需要严谨认真。由此可见，只要我们对自己足够了解，并能够找到合适的舞台尽情展示自己，我们就能得到更好的机会呈现自己，证明自己。

每一个生命的变化都要经历现状、引入外部因素、混乱、转化、整合、实践这六个步骤，才能形成新的现状。那么在做出改变的时候，我们也要参考这六个步骤，达到最终的结果，实现新的呈现。

每一个生命在呱呱坠地之际并非一张白纸，而是拥有自己的底色。或者鲜艳明亮，或者阴沉灰暗，或者靓丽独特，或者简洁素雅。我们要以生命的底色为基础描摹未来。其实，有的时候，只需要一点点亮色，一幅原本色调阴暗的画就会鲜活生动起来。我们何不给自己的生命画卷增添一抹这样的神来之笔呢？

第 02 章

目标思维：凡事预则立，提前规划成功率更大

第02章 目标思维：凡事预则立，提前规划成功率更大

明确目标，才能挖掘出体内蕴藏的巨大潜能

每一座城市都有很多的出租车来回载客。我们一般会认为那些急着赶路的出租车存在安全隐患，而实际上还没有载客的空出租车违章肇事的概率更大。老司机都知道，空出租车的司机因为急于寻找客人，开车时总是东张西望，注意力不集中。有时正要左转，心里却想也许这时候右边的客人更多些，又临时改为右转。所以速度虽不见得更快，却更容易出事。倒是许多载了客的出租车，司机心里有固定的目的地，纵使开得快了些，也不容易出问题。

你心里有目的地或目标吗？一定要树立目标。因为一个人没有目标，就像一艘轮船没有舵一样，只能随波逐流，最终搁浅在绝望、失败、消沉的海滩上。只有确实地、精细地、明晰地树立起目标，你才会认识到体内所潜藏的巨大能量。

表现杰出的人都是循着一条不变的途径抵达成功的，这就是一直被他们推崇的"必定成功公式"。这条公式的第一步是

✅ 思维的变现

想清楚你追求的是什么，也就是要有明确的目标。第二步是弄明白该怎么去做，并立即按最有可能达成目标的做法行动。第三步是在第二步的做法不奏效时，收集反馈信息，判断各种做法是正在让自己接近还是远离目标。第四步是综合以上信息，修正执行方案。如果你仔细留意成功者的做法，就会发现他们就是遵循这些步骤去做的。一开始先有目标，否则不可能一发即中；之后采取行动，因为坐着等是不行的；接着是拥有研判能力，知道反馈的性质；最后不断修正、调整、改变他们的做法，直到生效为止。

有效的目标是要分层次的，你需要先确立一个长期目标。这个目标会帮你指引前进的方向。因此，这个目标能否树立好，将决定你很长一段时间是否在做有用功。然后，树立一至五年内的中期目标。这个目标包括你希望在自己选定的专业领域做到什么位置，在生活上有什么打算。最后就是每周和每天的短期目标。它们是你每周、每天都要确定的目标。每天当你睁开眼时，你就需要问自己：今天相对于昨天，我要实现什么样的突破？当你有所进步时，就能不断地收获幸福感和成就感。

认定目标的人，前进得快而稳；没有志向而彷徨犹豫的人，不但速度慢，而且容易出错。记住这一点，可以使我们的生活有面目一新的改观。

奔跑前,别忘记规划你的行程

先贤说过,"学而不思则罔,思而不学则殆"。这句话讲的是关于学习的道理,但在我们处理事情时同样适用。无论做什么,都要把努力工作和勤于思考结合起来,这样你的付出和收获才可能成正比。

人们成功的道路有很多,但是其中的规律却是有迹可循的。有这样一种说法,成功需要70%的资源或技能,20%的坚持,还有10%的灵光闪烁。各部分所占比重不同,但缺一不可。如果没有一份对工作的尊重与投入,就不可能掌握做好它所需的技能;没有必备的技能,就无法催生思考,同时无法让思想的火花促进事业的提升。没有思考,就不会有符合客观事实的总结,就像一辆没有站台的火车一样,完全失去了行驶的意义。

人的精力是有限的,我们无法兼顾更多的事情。只盲目奔跑而从不规划自己行程的人,他的所有行为是受运动神经的支配而不是大脑的支配。就好像狗熊掰玉米,不能说它的动作不

思维的变现

快、水平不高；但它不知如何正确地处理这些玉米，不知适可而止，也不知有所取舍，最后只留住了一个玉米棒。

大多数人的生活状态都是匆匆忙忙的。他们在铃声的提示下起床、吃饭、工作、回家，从一个地方转到另一个地方，从一件事做到另一件事。他们好像做了很多事，却很少有时间投身于自己真正想完成的目标。因为责任与方向不明确，他们一生都在为了工作而工作。即使每一天的劳动换来了相应的报酬，但他们失去了可持续发展的长远规划。

一天，一位大富翁到一个地区考察。他来到市中心的繁华商业区，看见一大清早街上很多人慌慌忙忙地赶车去上班。富翁疑惑地问："这些人怎么那么慌张，他们一天上班几小时？"

"至少8小时，加上路上所用时间得10小时。"身边的陪同人员回答道。

"他们一天真有那么多事要做吗？要花那么长时间？"

"大家都是这样，"陪同人员说，"你们经商的不也是非常忙碌吗？"

"不，"大富翁摇了摇头，"人生的每一阶段有每一阶段的过法，到了成熟的年龄，就不会这么匆忙。若肯动脑筋，做1小时的工作所得的报酬会超过其他人做10小时所得的报酬。

第02章 目标思维：凡事预则立，提前规划成功率更大 ✓

你想想，一个人如果成天忙于一件事，累了就睡，睡醒又开始紧张地工作，如何谈得上有新的创意呢？"

是的，每天不经大脑地忙忙碌碌，换来的只能是浑浑噩噩、一无所得。一年有365天，一天有24小时。这并不会因为你是穷人还是富人而有一分一秒的差别。每个人都在努力工作，但是创造的价值却不一样，产生的效果也不一样。那么究竟差在哪呢？说到底还是效率的问题。成功者不一定整天都待在办公室里，他们也要运动和休闲。但是一旦他们投入工作的时候，必定全神贯注，能看到每一个微小的失误，也不放过每一个可能的机会。而普通人无法做时间的主人，所以天天被动地消磨时光。

在现实生活中，衡量一个人成功的标准不在于他工作了多长时间，而在于他所创造的价值。工作没计划、缺乏条理的人，大量的体力和精力都是白白浪费掉的。他们将工作安排得乱七八糟、毫无秩序。他们早出晚归，别人安排他们做什么他们就做什么，从来没有时间整理自己的事情和自己的思维。长此以往，即便有了时间和自由，他们也会在惯性思维的作用下继续过着一塌糊涂的日子。

高效率的先决条件一是要有计划、有秩序，二是要分得清

✓ 思维的变现

轻重缓急。这一理念在生活中是极有实用意义的。假如你是一名营销人员,新品上市初期,寻找经销商是一件非常重要的工作。但面对陌生的城市和市场,你会怎么办呢?你是下车后急于走街串巷,还是通过调查制订拜访计划及合理路线?经验丰富的营销人员会从客户中挑选出有意向、有人脉及实力的经销商进行重点拜访,用80%的时间沟通这20%的重点客户。同时,为了不放弃那些潜在的小经销商,也要简单地散发新品招商资料。

在具体的工作安排上,有一个简明而高效的法则值得我们借鉴。

每天晚上拿出10分钟的时间做出第二天的工作安排。把明天必须做的工作记下来,按重要程度编上号码。早上一上班,马上从第一项最重要的工作做起,一直做到完成为止。再检查一下你安排的次序,然后开始做第二项。如果有一项工作要做一整天,也没关系,只要它是最重要的工作,就坚持做下去。对于一些不明白的问题,一定要问个清楚、弄个明白,不要给任何事情留下不完美的尾巴。把这种方法作为每个工作日的习惯做法,用不了多久,成效自然显现。

人生需要谋划,事业也需要谋划,生活中的方方面面都需要谋划。可以说,不会谋划的人,就不会有成功的人生。古人云:"谋定而后动。"谋划后的行动,不但具有明确的方向性和目的性,而且具有可行性。在对多种方略进行思考之后,才能有选择地确定出一套最佳方略。在最佳方略的引导下,才可能创造出最佳成绩。

◉ 思维的变现

分解你的梦想，然后逐步攻克

有人曾这样说：无论一个人现在年龄多大，其真正的人生之旅，是从拥有梦想那一天开始的。之前的日子，只不过是在绕圈子而已。在生活中，一旦我们确立了清晰的梦想，也就产生了前进的动力。所以，梦想不仅仅是奋斗的方向，更是一种对自己的鞭策。有了梦想，我们就有了生活的热情，有了积极性，有了使命感和成就感。有着清晰梦想的人，心里感到特别踏实，生活也很充实，注意力也随之集中起来，不再被许多烦恼的事情干扰。他们懂得自己活着是为了什么，所以他们的所有努力都在围绕一个长远而实际的梦想进行，进而步步走向成功。

国际知名投资人、软银集团总裁孙正义，在19岁的时候就为自己做了往后30年的职业规划：20岁的时候，确定自己所要投身的事业，打出自己的旗号；30岁的时候，储备1亿美元的种子资金，为自己要做的事提供资金支持；40岁的时候，选择

第02章　目标思维：凡事预则立，提前规划成功率更大 ✓

一个非常重要的行业，然后把精力放在这个行业上决一胜负；50岁的时候，完成自己的事业，公司营业额超过100亿美元。孙正义逐步实现了他的计划，从一个小商人的儿子，成为今天闻名世界的大富豪。

孙正义的规划足够远大，更为远大的是他为自己的每一步行动所做的思考。他曾经花了将近一年的时间来思考最适合自己的创业模式。经过一系列的考察筛选，孙正义确立了自己选择行业的标准。其中最重要的是：第一，这个工作是否能使自己持续不厌倦地全身心投入，50年不变；第二，这个领域是不是有很大的发展空间和前途；第三，10年内是不是能够成为日本第一，并且别人不可模仿。他依照着这些标准给几十个项目打分，逐一排除，最终选择了计算机软件批发业务。2014年，随着孙正义投资的阿里巴巴在美国上市，他的财富净值增长至166亿美元，迅速成为日本首富。

俗话说："谋事在人，成事在天。"但有些时候，谋事在人，成事也在人。任何人想不经努力就获得成功是不可能的。几乎所有的成功都始于方略。学习讲究方略，工作讲究方略，经商也讲究方略。

方略是实现任务或目标的步骤和手段，也是根据形势发展

✓ 思维的变现

而制订的行动方针。可以说，即使侥幸成功，如果没有方略的指导，也只是暂时的，或仅仅是某一件事情、某一个步骤的成功。这种成功不会有进一步的发展，也不会取得更大的成就。只有在方略的指导下，按计划、按步骤取得的成功，才是真正的成功，并有可能走向光辉的未来。

如果有可能，我们应该对自己所走的路进行详细的规划，分清阶段，划分步骤。认真计划每一步应该怎样走，用多少时间，达到什么目标，尽量做到清晰明白。成功的人生需要正确的规划，你今天站在哪里并不重要，但是你下一步迈向哪里却很重要。

对于每个渴望做出一番事业的人，梦想就是灯塔，具体的规划约等于航线，而他的执行能力，则是人生之舟的发动机。具体来说就是在行动之前要有目标，但仅仅有个目标还不够，在把理想变成现实的道路上，还应该做好规划。规划不仅仅是一个前景目标、一张蓝图而已，更是你行动的路线图。目标是可以看得见的靶子。每个人都能看到，都在朝它开枪，但并不是谁都能打得又快又准。

有位商业大亨说过："不管我出多少钱的薪水，都不可能找到一个同时具有两种能力的人。这两种能力是，第一，有思想；第二，能按事情的重要次序来做事。"要想成为这种难得的人才，有思想、会做事，我们可以从以下几点开始。

1.分解长期计划

许多人说自己很无奈，要做的事情太多，并且，每次面对这么多事都无从下手。其实，造成这个现象的最大原因是缺乏短期的、即时性的计划。例如，通过制订日计划和周计划，规定每天哪个时间段做什么事，在多长的时间内应该做完这件事，用多久的时间来进行检查，做到什么样的程度等。

2.给工作分类

工作大致可以分为两类：一类是不需要思考，直接按照熟悉的流程做下去即可；另一类是必须集中精力，一气呵成。进行这两类工作，所采用的方式也是不同的。对于前者，你可以按照计划在一般情况下有序地进行；而对于后者，必须谨慎地安排时间，在集中精力而不被干扰的情况下进行。

3.坚持计划不动摇

坚持计划，就是保持过去适合自己的做事规划不动摇。一次不成功并不能否定你之前制订的有效计划。只有每天按照自己制订的计划坚持下去，才会达到自己的目标。

当然，制订好一份计划之后还需要及时调整。当计划执行到某一个阶段的时候，需要检查自己的工作进度和效果，并对原计划中不合适的地方进行调整。而且，计划制订之后需要坚

✅ **思维的变现**

决执行,否则前面所做的就是无用功。对于那些喜欢拖延的人,坚定执行计划是极具挑战性的。一定要记住:抓住今天,今天的事情必须今天完成,不要总是安慰自己明天再说。

第02章　目标思维：凡事预则立，提前规划成功率更大 ✓

走一步看三步，站得高才能看得远

人生就如同棋盘一样，有横有竖。想要活得精彩，关键是看我们怎么去规划生活。要想下一盘精彩的棋，必定得多想几个高招，一盘棋才能走活。有些事情并不像你想象的那样简单，你所走出的每一步、做的每一个决策，都决定着你是否能成功。所以我们做任何事情都不能盲目，不能太保守，不能总是一条路走到黑。我们要试着改变我们的想法，必须找一条新路，必须有一种站得高看得远的眼光，这样才能使自己立于不败之地。如果你只是看到眼前的一步，你就只能往前迈出一步。你的对手就会超越你。只有眼光放长远了，你才有赢的机会。一个人之所以能够脱颖而出，一半在于他付出的努力，另一半在于他时时比别人多想一步的智谋。

很多人都是思维上的"懒人"，他们常常会习惯性地顺着思维定式思考问题，不愿也不会转个方向、换个角度多想几步。他们心里默认了一个高度，常常用这个高度暗示自己：

✓ 思维的变现

这是我的极限，这个高度之上是没有办法做到的。要想成功，就绝不能让固有的思维定式束缚手脚，要打破思维定式的枷锁。

好思维是改变自我的内在基础，好方法是解决问题的必要工具。只有运用思维，积极思考，转换思路，不断思考出新的做事方法，你才能够发现并创造更多的机会，实现自己的目标。人生就是如此，你有怎样的生活想法，便有怎样的人生。当你被种种不如意困住的时候，不妨开动头脑多想几步。

第02章　目标思维：凡事预则立，提前规划成功率更大 ✓

考虑细节，将所有可能出现的问题扼杀在摇篮中

"不困在于早虑，不穷在于早豫。"这就是说，只有对可能出现的问题做好心理准备，才能预防事情向坏的一面发展，从而做到转危为安。换句话说，应该懂得居安思危、未雨绸缪。毕竟，未来不可能像我们想象的那样乐观，很可能会出现这样或那样的问题，如果我们没有对可能出现的问题做好准备的话，就会给自己带来许多麻烦和损失。

温州的周氏兄弟联手经营一家灯具厂。他们聪明又勤奋，把生意打理得很好。这时候一家同行的厂子濒临倒闭，老板万般无奈之下，只好把厂子转让给周氏兄弟。

为了管理好新厂，一直忙忙碌碌的周氏兄弟特地坐下来开了个碰头会。弟弟很兴奋，他先把自己的计划跟哥哥谈了一下。盘活资金、扩大销路等各个方面都讲到了，不得不说弟弟很有生意头脑，哥哥边听边点头。到了快结束时，哥哥郑重

思维的变现

地补充道:"生产经营方面的问题你都考虑到了。只是还有一点,我们还要把人心、感情考虑进去,不重视不行。"

接手新厂之后,哥哥首先邀请员工谈话,希望大家"多多关照",从而消除员工的戒备心理,使其在感情上与新老板靠近。然后哥哥又当众宣布了不同岗位工人的职责和待遇,起到了稳定人心的作用。本来大家还对原来的竞争对手、如今的老板有抵触心理,现在却被极大地调动起了积极性。周氏兄弟的企业自然蒸蒸日上。

没有人能随随便便成功。这就要求我们形成周密的思维习惯,做事粗略,同时又想把蛋糕做大,这是不可能的。只有步步为营、严谨行事,才能做到更有条理、更有效率。

要想把事情做到最好,你必须在心中为自己设定一个严格的标准。并且在做事时,一定要按照这个标准来执行,绝不能马虎。另外,在做任何一项决策前,一定要思虑周全,并做广泛的调查论证,广泛征求意见,尽量把可能发生的情况考虑进去,尽可能避免出现漏洞,从而达到预期效果。

在很多时候,我们做事情需要经验的积累和正确的判断,而细心和耐心也是我们成功的法宝。一个思维缜密周到的人,会从一件小事或一个细节扩展到其他方面，在不经意间就能把事情做得周全完备。把事情往深了想、往细了做，做到缜密行事、步步为营，才能让成功多一份胜算。

第03章

成长思维：认清自己的优势，武装好你的大脑

第03章　成长思维：认清自己的优势，武装好你的大脑

与其抱怨，不如加倍努力

有时，我们会发现命运对每个人并不是一视同仁的。有些人出生的起点就比其他人奋斗一生的终点还要高。他们是含着金汤匙出生的，从小衣食无忧，父母也有较高的社会经济地位，根本不需要为大多数人烦心的事情发愁。还有些人竭尽全力只为了得到一个相对平等的机会，与其他人站上同一起跑线。然而，每一位人生的强者都知道，我们不能因为他人的起点比自己的终点更高就放弃努力。毕竟，人生的很多机会都是需要我们自己去争取的。假如我们还没努力就放弃了，注定将会一事无成。

现在的年轻人因为身边充斥着比自己出身好的人，就更容易心绪失衡，常常怨天尤人。殊不知，每个人都有属于自己的苦恼。比如，"富二代"也许成长中有更好的物质条件，但是他们却有其他的烦恼：诸如家庭不和睦、缺乏父母的关爱等。所以每个人都应该学会平衡自己的内心。人生中这一处的匮

思维的变现

乏，也许要靠那一处的富足弥补。此外，每个人对于人生的感受，并非完全取决于金钱或权势。很多人都追求幸福，实际上幸福完全是人内心的感受，而非一个有着明确定义的标准。人不应该贪婪，要想让人生更加充实且有意义，我们就要让自己更加精神抖擞地面对人生，绝不因为任何原因而自暴自弃，以免陷入退无可退的境地。

理智的朋友们，不要再因为人生的不公而抱怨，因为命运只会青睐勤奋努力的人。抱怨除了能够暂时让我们发泄不满外，对于事情的解决根本于事无补，反而会使事情变得更糟糕，甚至导致事与愿违。我们要在人生中保持理智，更要坚守做人的原则。不管什么时候都记住不忘初心，方得始终。

在社会生活中，每个人都有自己的角色和定位。例如，有些人默默无闻，平凡地度过一生；有些人却坚持"生命不息，折腾不止"的原则，绝不轻易放松自己，也不愿人生有片刻安宁。大多数情况下，爱折腾的人往往能够做出一番事业，而喜欢岁月静好的人，在人生之中也能如愿以偿地得到幸福。任何时候，我们都不要拿自己的标准去衡量别人的选择，也不要用别人的眼光来禁锢自己的人生。记住，人生只属于我们自己。所谓的成功就是一定要活出真实自然的自己，实现自身的价值。

第03章　成长思维：认清自己的优势，武装好你的大脑 ✓

很多年轻人刚走出大学校园就好高骛远，恨不得马上拥有高薪而又体面的工作，并无须付出太多的劳累。每一朵花的绽放都要经过长久的努力，每一次人生的腾飞都需要付出巨大的艰辛。人具有社会属性，是社会的一员。如果想要得到社会的认可和他人的尊重，那么就从现在开始停止抱怨吧。如果你愿意把所有抱怨的时间都用来努力、证明自己存在的意义，相信你一定能够更快地实现自己的目标，从容度过充实的人生。

大学毕业后，金湖几经周折，找到了现在的这份工作。他很珍惜来之不易的工作机会，对待工作兢兢业业，丝毫不敢懈怠和疏忽。但是金湖总被同事们小看，有的时候因为工作上出现错误，还会被领导批评。金湖很郁闷，他觉得自己已经很努力了，又是职场上的新人，不明白同事和领导为何不能多教导他一些，而偏偏要嘲笑或者批评他。

有一天，金湖因为没有听清领导的要求，把整个表格都做错了。为此，领导大发雷霆，因为他下午开会就要用这个表格。这时，金湖辩解说领导交代任务的时候没有说清楚。这下领导更上火了，恨不得把金湖当即解职。幸好平日里和金湖相处比较好的一个老同事主动提出重做表格，纠正错误，此事才算告一段落。在和老同事一起纠错的过程中，金湖郁闷极了，

✓ 思维的变现

不停地唉声叹气。老同事问："金湖，是不是觉得心里很憋屈？"金湖点点头。老同事又说："其实，在这件事情上，你不应该说是因为领导交代任务不清楚导致的。假如你能主动承担责任，积极认错，也许领导也不会那么生气。""但是，"金湖欲言又止，"的确是领导没有交代清楚。"老同事说："我当然知道领导没有交代清楚，但领导毕竟是领导，你现在才进公司，还没有给公司创造什么效益或者做出什么贡献，他当然不会买你的账了。你知道销售部的小林吗？"金湖点点头，老同事接着说："这么告诉你吧，小林在公司可是个大红人。她销售能力很强，每年都能给公司带来很多订单。所以哪怕小林抢白领导几句，领导也不会对小林怎么样。假如有朝一日你像小林那么优秀，那你尽管把责任推到领导身上。"老同事的话使金湖陷入沉思：的确，自己只是个初入公司、错误频出的职场新人，唯一的优势也许就是虚心好学和勤奋努力了。既然如此，还有什么必要狡辩呢？有了错误，就立即承认，等为公司做出了贡献，才能在公司里有立足之地。

后来，金湖再也不犯这样愣头青的错误了。他总是积极主动地完成工作、承担责任。随着工作经验越来越丰富，他在工作上的表现也越来越好。领导果然对他的态度一百八十度大转弯，不但更加器重他，还给他升职加薪。金湖在职场上渐入佳

第03章 成长思维：认清自己的优势，武装好你的大脑 ✅

境，感觉越来越好。

在这个事例中，金湖从被同事嘲笑、被领导轻视和批评，到摆正自己的位置，经历了不小的思想斗争。他意识到自己作为一个"一穷二白"的职场人士，只有脚踏实地地努力，积累经验，才能在职场上有资历，也才能被领导看重，得到同事的认可。一旦态度端正了，他在工作上马上效率倍增，也因为心里不再抵触领导，所以他做到了心平气和地工作。

虽然我们每天都会听到"不要过于势利，更不要急功近利"这样的话语。但事实却告诉我们，我们所拥有的恰恰决定了我们的地位。诸如在学校里，老师总是偏爱乖巧聪明、学习认真的学生；在家里，父母也偏爱讨人喜欢、听话懂事的孩子；毫无疑问，在职场上，领导也一定器重工作上有突出表现、非常杰出的员工。所以，从现在开始更加积极努力吧。对任何人而言，唯有不可取代，有自己的独到之处，才能得到他人特别的重视和优待。英雄不问出处，任何时候都不要因为自己的出身而妄自菲薄。记住，你是谁不重要，重要的是你拥有什么。你拥有的决定了你的价值，也决定了你的人生。

◎ 思维的变现

集中精力发展自己的长处，让自己出类拔萃

曾经有一段时间，"核心竞争力"成为人们热议的话题，尤其在职场上，人们总是把"核心竞争力"挂在嘴边，似乎不谈论核心竞争力的人就落伍了。的确，从职场竞争的角度而言，核心竞争力是重要的、不容忽视的因素。一个职场人士如果没有核心竞争力，就无法把自己与其他的同事区别开来，更无法从人才济济的公司里脱颖而出。所谓核心竞争力，就是一个人区别于其他人的独特能力。这种能力就像标签，让当事人和他人不同，变得更加鲜明。

心理学上有一个著名的理论叫木桶理论。它告诉人们一个木桶最终能容纳多少水并不是取决于木桶的长板，而是取决于其短板。的确，无论我们再怎么努力，也不可能让水位与长板等高，因为水会从木桶的短板倾泻而出。因为对木桶理论的迷信，在职场上，很多人都开始弥补自己的短板，把自己视为一个木桶，觉得自己如果短板太短，就会限制整个职业生涯的发

第03章 成长思维：认清自己的优势，武装好你的大脑

展。实际上，人不是木桶，这种观点也并不完全正确。

不可否认，很多时候弱点和不足会限制人的发展，但并非所有的短板都会影响人的成就。我们常说，孩子在学习阶段最好不要偏科，那是为了孩子的成长奠定基础。一旦长大成人，术业有专攻的人往往比面面俱到的人将会获得更大的成就。这就是核心竞争力。人生短暂，光阴易逝，我们不应一味地把宝贵的时间用来弥补不足。如果那个不足并不致命，也不影响我们的发展，我们为何还要对其耿耿于怀呢？不如集中精力发展自己的长处，从而让自己出类拔萃，获得令人瞩目的成就。这才是理智的发展思路。

现代职场很多人都意识到了核心竞争力的重要作用，但是他们却不能成功发展自己的核心竞争力。这一则是因为他们无法客观地认识自己，二则是因为他们日常生活的状态过于轻松惬意，导致懈怠成性。所谓由俭入奢易，由奢入俭难。从紧张的生活中抽身，享受安逸，这很容易；但是从安逸的生活却很难一下子进入紧张的状态。所以培养核心竞争力是一个漫长的过程，需要我们努力坚持下去。当然，前提是我们要客观认知和评价自己，从而才能把一切做到更好。

常言道，人生如同逆水行舟，不进则退。每一个人在人生之中，都不可能一帆风顺，而天赋异禀之人更是少之又少。有

✅ 思维的变现

心理学家经过研究发现，大多数人在先天条件方面相差无几，人与人后天的发展之所以相差迥异，就是因为他们在培养自己的核心竞争力方面做法不同。尤其是现代职场，人才济济，新人辈出。我们要想出类拔萃，就必须表现突出，贡献杰出。这样才能如愿以偿地走进老板和上司的视野中，赢得他们的认可和赏识。

从师范学校毕业后，占明回到家乡，进入一所中学工作。因为县里的规定是所有的师范毕业生都要先去乡村锻炼，所以占明尽管家在县城，但还是被分配到距离县城几十公里的农村。爸爸妈妈很着急，恨不得让占明马上调回来，但是占明却胸有成竹，他告诉爸爸妈妈他有核心竞争力。原来，占明非常擅长课件制作，而且文笔特别好。果不其然，才毕业一年多，他的论文就在市里获得了二等奖。在公开课上，占明制作的精美课件也使他走入了很多领导的视野。渐渐地，占明在教育系统的名气越来越大。没过几年，县城里的一位小学校长就特意邀请占明调到他们学校，并且要让占明当他的助理。此外，教育局的一个领导也对占明"情有独钟"。这位领导经常四处开会，却因为秘书写作能力欠佳，他的发言总是无法出彩。有一次，这位领导请占明为他写了一份发言稿，他在会上据此

第03章 成长思维：认清自己的优势，武装好你的大脑 ✓

发言，果然赢得了满堂彩。从此以后领导就对占明"情有独钟"，一心一意想让占明当他的秘书。就这样，原本让爸爸妈妈非常头疼的调动问题，在占明强有力的核心竞争力下，轻而易举地解决了。

在这个事例中，占明的核心竞争力就是他能把课件制作得精美生动，而且他很擅长写作，是个不折不扣的"笔杆子"。众所周知，大多数领导都希望自己身边有个"能文能武"的人。对于占明这样既擅长教学，又能兼职担任秘书的才子，他们当然十分喜欢。所以在他人那里非常头疼的调动问题，在占明这里轻而易举就解决了。

和小县城的学校工作相比，在大城市里，职场竞争更加激烈。要想在现代职场中立足，最重要的就是发展自己的核心竞争力，从而使自己得到他人的另眼相看和衷心认可。需要注意的是，很多人对核心竞争力的理解都失之偏颇。一说起核心竞争力，他们就说自己正直善良、勤奋踏实。实际上，这不是核心竞争力，而是做人做事的基本要求。所谓的核心竞争力，就是我们与他人竞争的优势，就是我们区别于他人的与众不同之处。核心竞争力要求我们在具备基本品格和素质的基础上，还要表现出自己无可替代的优势。唯有具备真正的核心竞争力，

思维的变现

我们才能在职场上如鱼得水,游刃有余。

在职场上,很多人如同任劳任怨的老黄牛一样,数十年如一日地努力付出,非但没有得到领导的认可和赏识,反而被领导忽略,这到底是为什么呢?不是说没有功劳,也有苦劳吗?难道领导没有看到他们的所作所为吗?当然不是。领导把一切都看在了眼里,但故意视若无睹。这是因为现代职场不但需要埋头苦干,更需要主动创新的精神。所以作为一名现代职场人士,要同时具备硬实力和软实力,全方位提升自己,让自己在人生的道路上不断攀升,最终获得成功。

第03章 成长思维：认清自己的优势，武装好你的大脑

经营自己喜欢并擅长的事情，更容易变现

对于工作，人们总是纠结于是爱我所选还是选我所爱。虽然看起来这两个选项相差无几，只是字的顺序有所不同而已。但实际上，不同的选择会给我们的人生带来完全不同的结果。是做自己的本职专业，还是从事自己的爱好；是根据职场的需要调整自我，还是做自己擅长的工作，成为大多数人要面临的难题。有人说，最幸福的事情就是做自己喜欢的工作，这句话非常有道理。只有从事感兴趣的工作，我们才能拥有更多的热情和激情，在工作上也会有更加突出的表现。与此同时，如果我们还能从事自己擅长的事情，那么工作上一定会效率倍增，成就突出。

大学毕业后，学习法律专业的王强如愿以偿地进入了律师行业，从律师助理做起。一直以来，王强都是一个非常有正义感的人。他之所以从小就立志当律师，就是因为看到电视剧里

✓ 思维的变现

律师能够为蒙冤的人伸张正义，并且社会地位很高，不管走到哪里都受人敬仰。在王强心里，律师简直是正义的化身。

刚刚开始工作时，王强每天就像打了鸡血一样，不停地跑案子，期望一朝成名，成为正义的使者。十几年干下来，他也的确为很多有需要的人提供了专业的法律服务，而且收入很高，在行业内小有名气。但是，人到中年的他却感到越来越疲惫，甚至产生了改行的念头。此时，王强已经结了婚，有了一个8岁的女儿。再加上家里前几年刚刚买了别墅、豪车，所以他每个月都要负担好几万元的开支。如果改行，显而易见他此前所拥有的一切都会受到影响，也许他的收入会锐减到不足现在的零头。因此，当王强把自己的想法告诉妻子后，妻子立即表示反对。妻子苦口婆心地对王强说了很多，并告诉王强孩子未来会更需要钱。甚至于王强一旦辞职，别墅每年的物业费对他们而言都是一笔巨大的开销，他们有可能要搬离别墅，再次回到小房子里。王强也知道妻子所说的一切都是事实，因而他问妻子："你是愿意每天面对一个不开心的丈夫，还是想继续物质上的享受？"妻子想了想，最终决定支持王强。

辞职之后，王强休整了一个多月，终于想明白自己最喜欢做的事情其实是厨师。因为他从小家庭贫困，所以擅长为家人做饭。为此，王强决定拿出积蓄开一家私家菜馆。这样悠闲

第03章　成长思维：认清自己的优势，武装好你的大脑 ✓

的、充满烟火气息的生活，会让他觉得安全而又宁静。他们搬离了别墅，租了个连家店，开启了崭新的生活。每天清晨，王强会去菜市场选购最新鲜的食材，然后为提前下订单的顾客准备饭菜。这是在工作，也是在享受生活。在王强身上再也看不到大律师的影子，而是多了几分宁静淡然。

让任何人去选择，如果仅仅考虑物质方面，肯定都会认为做一个大律师更好。但是王强从律师的工作中再也得不到任何快乐和幸福满足的感觉，他最想做的事情就是找回自己，回归自己的内心。做自己喜欢并且擅长的事情，比做自己擅长的事情能够得到更多的快乐。

现代社会，有太多人和王强一样并不喜欢自己正在做的事情，却为了维持生计，而不得不继续努力坚持下去。然而，这样终究不是长远之计。人生尽管需要奋斗不息，却也要注重生命的品质。要记住，人生不是一朝一夕，做任何事情都要把目光放得长远一些。充实而有意义、幸福而又快乐的生活，才是值得我们用一生去追求的。

◎ 思维的变现

树立"权威",建立起自己不可替代的地位

曾经有人提出,一个人只要专注于某个领域,每天在该领域上投入4个小时,持续5年,就能成为该领域的行家;如果付出10年的专注,就能成为该领域的权威人士;如果付出15年的专注,就能成为该领域的世界级专家。换言之,在某个特定的领域,假如你投入7300个小时,就是行家;投入14600个小时,就是权威人士;投入21900个小时,就是世界级专家。但是假如你只有三分钟热度,那么终究会一事无成。任何人都知道,相比于一个一事无成的人,行家、权威人士和专家意味着什么。毫无疑问,人人都会选择成为后者。

现实生活中,很多人喜欢口若悬河,但是常常发现听者心不在焉,甚至对他们的话不以为然,完全是左耳进右耳出。毫无疑问,这样的人是很可悲的。因为他们虽然口干舌燥地说了很多,对他人却毫无影响。相比这样的人,有些人说的话则字字珠玑,每个字都像有千金的分量,重重地砸在他人的心上,

让他人不得不重视起来。这也往往象征着说话的人有重要的身份和不可取代的地位。那么，我们应该努力成为后者，而不要成为说话被当成空气的前者。这就要求我们必须努力成为某个领域的权威人士，这样才能如愿以偿地得到他人的重视，也缔造自己至关重要的影响力。

要想成为某一个领域的权威，就要持之以恒地付出努力。在生活和工作中，我们只有坚持学习、不断积累，才能提升和完善自我，让自己逐渐成为行家、权威甚至世界级专家。

大学毕业后，秀秀进入一家公司当秘书。秀秀学的是中文，因而秘书的工作对她而言相对轻松。不过因为她此前并没有做秘书的工作经验，初入职场还是吃了不少的苦头。比如有段时间，秀秀在整理文件的时候总是被经理批评。尽管秀秀已经非常努力做到最好了，也无法让经理满意。秀秀郁闷极了，甚至为此打起了退堂鼓，想要辞职。然而，有位老同事告诉秀秀："你不能只是做这些最简单的基础工作。这些都是打杂，处理不好经理会给你提意见，处理得好经理也会觉得这是你该做的，也不会重视你。你要有所专长，让经理依靠你，情况才会有所好转。否则，就算你换一家公司，情况也不会改变。"

听了老同事的话，秀秀恍然大悟。是啊，秘书工作就是吃

✓ 思维的变现

青春饭，自己不可能一辈子都当秘书。想到这里，秀秀脑海中突然灵光一闪："我的文笔很好，其实可以试着为经理写发言稿，或者转行去做策划啊！"此后，秀秀一直在等待机会。终于有一天，经理受邀要在行业大会上讲话，但是又担心自己临场发挥得不好，因而就在办公室里广泛征集发言稿。秀秀马上行动起来，查阅公司资料，深入了解公司的企业文化，而且根据经理的生平，洋洋洒洒写了一篇两千多字的发言稿并被经理采纳。在大会发言时，经理获得了热烈的掌声，而且被很多前辈称赞年轻有为、才华横溢。从此以后，经理对待秀秀的态度完全不同了。

在职场上，很多人都找不到自己合适的位置，因而无法得到合适的机会和平台施展自己的才能，职业生涯的发展也受到影响。尤其是刚刚大学毕业的年轻人，更是心比天高，恨不得立即成功。殊不知，一个人的成功并非一蹴而就，也不是无缘无故的。一个人只有拥有自身的独特优势，用实力为自己代言，才能获得他人的认可和尊重，在职场上为自己赢得一席之地。

成为某个领域的权威人士后，不但你的独特才华会得到更多人的赏识，而且你说出的话也变得极有分量，会得到他人的重视和认可。然而，任何地位和身份都不是天生的，而是靠着我们后天的不断努力，为自己争取来的。因而，从此刻开始再也不要抱怨，要积极努力奋进，用实力为自己代言，用权威给自己增加分量。

◉ 思维的变现

多一门技艺，多一种人生选择

每年毕业季，都有很多大学生走出校园、走入社会。因为大学生数量越来越多，使得大学生学历的含金量越来越低，供过于求的现状使得大学生面临就业难题。找工作难让很多家庭都感到非常迷惘，尤其是本身文化程度较低的父母，在看到孩子大学毕业却找不到工作，或者找到了工作收入却十分微薄时，他们理所当然地想：上大学没有用，还不如直接工作挣钱呢！因此，很多农村家庭的孩子初中读完就不再上学，小小年纪就去工厂里做工，刚到二十岁就结婚生子，生理和心理上的不成熟使得他们的下一代依然会重复他们的老路。

教育是非常重要的，家庭的教育观念更关系到孩子的未来。但从形式上来说，在现代社会，确实也未必只有读大学一条路可走。很多人即使走上了工作岗位，只要自己有学习的欲望，也可以通过函授、自学或者继续教育等诸多方式完成学业。此外，除了获得高文凭，我们还要端正对知识的态度，毕

第03章 成长思维：认清自己的优势，武装好你的大脑

竟一纸文凭并不代表高能力。现代社会里，很多行业并不迷信文凭，而是要求必须有真才实学，或必须有特殊的技能。因而我们也不要盲目地追求大学文凭了。对很多高考落榜的学生而言，哪怕无缘进入大学校园接受系统的学习，也可以根据自身情况选择学习和掌握一种技能。这样，在未来走入职场的时候才能有所长。

很多年轻人一方面认为要努力学习，取得高学历，另一方面又看到那些没有高学历的同龄人已经开始自食其力，还有的当了爸爸妈妈，看起来也生活得不错——尤其在农村，这种情况更为普遍——心中难免有些着急。其实，结婚生子是人生大事，完全不需要着急。只有在合适的年纪做最该做的事情，未来才能收获美好的生活。所谓一技之长，并不需要像大学的学习那么系统，而是集中所有精力，就像凸透镜汇聚阳光一样，专注于对事物的研究，把小技能做到极致，同样能够出人头地。

在任何领域，有一技之长的人都是值得钦佩和敬畏的。细心的朋友们会发现，很多天才其实只是在某个特定的领域有突出的表现，在其他领域里，他们反而能力不足。例如，举世闻名的画家梵·高，他的一生非常坎坷。但是他的画作却流传千古，让无数人沉迷。再如诗人李白，他最擅长写诗，却在官场上一事无成，终生不得志。就连大圣人孔子，能够洞察人性，

思维的变现

却一生穷困潦倒，颠沛流离。这些人都是天赋异禀。当然，在那些时代他们也没有那么多的机会发展自己其他方面的能力。我们应该庆幸自己生在这个时代，哪怕考不上大学，也有各种各样的培训学校供我们选择。用短则几个月长则几年的时间着重培养我们某个方面的能力，让我们术业有专攻，绝不虚度人生。

现代职场上，每个人都要有核心竞争力才能立足。当然，这个核心竞争力可以是我们天生就擅长的事情，也可以是我们经过后天培养具备的独特能力。如今健全的教育制度，让每一个有心学习和培养自己的人，都能如愿以偿地找到最佳的学习方式和途径。所谓的特长，也变成可以后天培养的能力。此外，有效的技能还能像纽带一样，帮助我们认识更多和我们同类的朋友，引领我们融入相关的圈子。在与他人相互切磋和学习的过程中，我们必然与他人相互促进，共同提升。如此，我们的职业发展也进入良性循环，人生必然更加充实和美好。

常言道，千金在手，不如薄技在身。这是因为哪怕有再多的钱，如果坐吃山空，也必然导致后来乏力。但是如果有一技之长，不管走到哪里，都可以从容地生活。人们常说"荒年饿不死手艺人"。这也告诉我们即使世事艰难，很多手艺依然是人们生活的必需，手艺人是有市场的。孔圣人告诉我们，"吾尝终日不食，终夜不寝，以思，无益，不如学也"。所谓活到老学到老，是很有道理的。如果你现在还没有一技之长，不如赶快学习吧，即使已经浪费了很多宝贵的时间，但是只要立即开始，总是为时未晚的。

记住：任何一件简单的事情，一旦做到极致，就是巨大的成功。

◉ 思维的变现

自我展现，让他人看到你的价值

人在职场，每天都要面对很多经验丰富的老同事，还要不时接受那些新注入的新鲜血液的挑战，实在是压力巨大。现代职场通常只给新人一到三个月的试用期，公司的管理层也根本没有多余的时间去了解每一位新进职员。在这种情况下，要想表现自己，只有采取最直截了当、效率高的办法，那就是——展示自己。

每个人都有自己独特的个性，也有自己擅长的事情。换言之，每个人都得对公司有价值，才能得到公司的留用。那么，我们如何才能在最短的时间内把自己对于公司的价值展示出来呢？这是我们急需解决的问题。很多人都特别低调，也很含蓄，不会直接向领导们展示自己的优点和长处，甚至在得到领导表扬的时候，还会刻意谦虚。然而，这样的为人处世之道，或者说是对待工作的态度和方法，已经不适合现代职场了。确切地说，现代职场就是没有硝烟的战场。看似风平浪静，实际

第03章　成长思维：认清自己的优势，武装好你的大脑 ✓

上暗流涌动。如果我们一味地谦虚，只会错失良机。真正的强者，不惮于在职场上表现自己的实力、展示自己的优秀，也能够不卑不亢地接受上司的赞赏和认可。最简单的方法往往最有效，直接展示自己往往能取得事半功倍的效果。

战国时期，秦国举兵围攻赵国。赵国都城邯郸沦陷，被秦国大军如同箍铁桶一般团团围住。赵王心急如焚，只好派出平原君向楚国求援。平原君深知此次去楚国关系重大，因而决定从所有门客中挑选出二十个人，陪同他一起出使楚国。然而，平原君挑来挑去，只有十九个门客符合他的要求。剩下的一个名额，平原君无论如何也找不到令他满意的人。

此时，毛遂主动请缨，告诉平原君："我愿意跟随平原君一起出使楚国，哪怕是为了凑足二十个人！"平原君看到毛遂，觉得很眼生。因而委婉地拒绝："你投奔到我的门下已经三年了，但是我从未听到任何人夸赞你。由此可见，你并没有什么独特之处。如果一个人真的有才华，他就会像钉子装入口袋一样，很快就会刺破口袋，使人一眼看到他的存在。而你始终默默无闻，平平无奇，我怎么带着你出使楚国呢？"

对于平原君的质疑，毛遂心平气和地说："三年来，我之所以没有像钉子一样从口袋里钻出来，是因为我从未进入过您

思维的变现

的口袋。假如我早早进入您的口袋,我不但会令钉子尖钻出口袋,还会令整个人都像麦穗一样钻出来呢!"看到毛遂说起话来镇定自若,气宇非凡,平原君答应了他的请求。当天夜里,平原君就带领着二十个门客赶往楚国。

平原君一行人刚刚到达楚国,平原君就马上拜见楚王,想与其商议订立盟约的事情。然而,楚王对于结盟的事情推三阻四。平原君和楚王从早晨谈到中午,都毫无结果。这时,十九个门客全都急得如同热锅上的蚂蚁一样不知所措,唯独毛遂一手握剑,走到大殿之上,质问楚王为何不愿意结盟。面对楚王的呵斥,他毫不畏惧,先是以剑逼迫楚王,后来又对楚王晓之以理、动之以情,慷慨陈词,最终使楚王同意结盟。当天下午,平原君就顺利地与楚王签订盟约。很快,楚国出兵化解了赵国的危难。

此事之后,平原君感慨万千地说:"毛遂简直太伟大了。他的三寸之舌,比百万大军更有力量。幸好毛先生主动推荐自己,否则我就要与这样一个难得的人才失之交臂了。"

在这个历史典故中,如果不是毛遂主动请缨要求与平原君一起出使楚国,那么平原君甚至都不知道有毛遂这个人的存在。现代职场上,很多人虽然兢兢业业地工作,却始终被埋

第03章 成长思维：认清自己的优势，武装好你的大脑 ✓

没,根本没有机会展示自己的能力。只有像毛遂一样抓住合适的机会自我推荐,把自己推销出去,我们才有机会表现自己的优秀,得到上司的认可和赏识。

毋庸置疑的是,每个人都有自己的优点,也有自己的不足。作为职场人士,我们要想出类拔萃,就应该最大限度地发挥自己的优势,并无须因为自身的缺点感到自卑。毕竟如果我们能从事自己擅长的事情,就一定能够把事情做好。还需要记住的是,所谓的优势都是相对而言的。只要我们多多努力,勤于付出,就能把劣势转化为优势,让自己得到更大的进步和提升。

第04章

行动思维：去想不如去做

梦想宏大，不如从点滴做起

"望梅止渴"的故事可谓妇孺皆知。在这个故事中，曹操的战略非常成功，不但帮助将士们成功战胜焦渴，而且也使得大军行进速度大大提高。不过也要注意，现代社会凡事都讲求效率，假如一直这样望梅止渴，画饼充饥，自欺欺人，就会贻误战机。现代社会中，现成的资源就在手边，如果感到饿了渴了，就自己动手，丰衣足食。在工作上遇到困难，也可以积极主动地求助他人，或者利用各种工具，渡过难关。在凡事讲究效率的现代社会，我们应该立即展开行动，切实取得效果，才能积极把握自己的人生。要知道，人生是永远不会掉馅饼的，任何情况下，我们都必须依靠自己的真才实学打天下，必须依靠自己的能力创造精彩人生。总而言之，在现代社会里与其望梅止渴，不如"摘梅止渴"。只有切实展开行动，才能让事情的局势更加明朗，也才能成功把握人生的主动权，成为命运的主宰。

✓ 思维的变现

一直以来，丁桥都想要成为大老板，这个梦想在他读大学时就存在了。所以大学毕业之后，他并没有像大多数同学那样积极地找工作，而是这山望着那山高，幻想找到一个一步登天的好营生。

因为资金有限，丁桥先开了一家淘宝店。然而尽管一天24小时扑在上面，他也没有得到梦寐以求的收获。后来，丁桥又从爸爸妈妈那里筹集了很多资金，开了一家经营艺术品的店铺，最终的结果依然不尽如人意。随后，丁桥又尝试了很多生意，都以失败而告终了。眼看着家里所有的钱都被丁桥搭了进去，爸爸很担忧，愁容满面。有一次，爸爸无意间看到一则寓言故事而受到启发，一本正经地对丁桥说："孩子，爸爸妈妈当然希望你成为大老板，不过咱们家的确是任何积蓄都没有了。我建议你先积累一段时间的资金，再东山再起吧！"丁桥固执地说："可是爸爸，我坚信我只要再尝试一次，就一定能获得成功。到时候，我不但要给你和妈妈买别墅，买豪车，还要带着你们周游世界。"爸爸无奈地笑了，说："那当然好。不过，我们当务之急是先解决温饱问题。不然等到你真的发财了，爸爸妈妈也无福享受。你愿意先去踏踏实实地工作，帮助我和妈妈维持正常生活吗？"丁桥认真地想了想，觉得爸爸说得也有道理。最终他找到了一份销售的工作。因为想着积攒足够的资金之后就能重新开始自己的梦想，

第04章　行动思维：去想不如去做 ✓

丁桥对于这份销售工作非常用心和认真。他很快就成为公司里的"销冠"，不但得到了领导们的一致认可，而且赚到了很多钱。几年之后，当爸爸再次提起丁桥的创业史，已经成熟起来的丁桥不好意思地说："爸爸对不起，那时我的好高骛远拖累你和妈妈了。放心吧，我以后一定脚踏实地地工作。我觉得我已经找到了人生的方向。"

在切实开始工作、并开始挖掘人生的第一桶金后，丁桥好高骛远的心才渐渐归于平静。他逐渐清楚地意识到，没有经济基础，一切梦想都是水中花、镜中月。也意识到唯有脚踏实地地工作，才可能不断进步，获得成功。面对着这个成熟的丁桥，想必爸爸心里一定乐开了花吧！

生活中从来没有不劳而获的事情，也不会有一蹴而就的成功。不管我们把梦想定得多么高远，都必须脚踏实地地从点滴做起，才能积少成多，最终实现伟大的梦想。对于那些总想不劳而获的人，命运向来都很吝啬。与其抱怨自己得到的太少，不如从现在开始更加努力地付出。相信当你坚持付出之后，就会发现成功其实并不难。成功之路也恰如学习，聚沙成塔，才能最终平地起高楼。退一步而言，即使奋斗之后没有得到理想的结果，我们也会因自己的付出和努力而感受到人生的充实。

✓ 思维的变现

朋友们,如果你现在还在望梅止渴,就一定会被时代淘汰。从现在开始,当机立断开始行动吧!只有切实展开行动,摘梅止渴,我们的人生才能迈出脚踏实地的一步。

第04章　行动思维：去想不如去做 ✓

你唯一需要战胜的是你自己

人生难免会面对各种各样的困境，甚至是难以逾越的艰难阻碍。在这种情况下，你是选择退缩和放弃，还是选择迎难而上？其实更多的人在面对难题时，都希望得到他人的帮助。当一个人把无尽的希望都寄托在他人身上时，恰恰证明了这个人自身的软弱。偏偏生活中有很多这样的人，他们对自己缺乏信心，从来不够自信，一遇到困难，就希望得到贵人相助。殊不知，当你奢望得到贵人相助时，说不定你的贵人也正期待着你成为他生命中的贵人呢！

渴望得到帮助和救援，是人的天性。尤其是在遇到困难或者身陷绝境时，人们会感到无计可施，手足无措。在这种心态的影响下，他们往往不会主动地采取措施以解决困难，而是会更加怀疑自己的能力，否定自己，陷入被动的等待之中。然而，当你苦苦等不来别人的帮助却白白贻误了时机，导致事情已经发展到无可挽回的地步，岂非更加糟糕吗？明智的人从来

◉ **思维的变现**

不会盲目地把希望寄托在他人身上。任何糟糕的情况一旦发生就成为不可改变的客观存在，因而除了及时补救和应对，几乎没有更好的选择。退一步而言，明智的人即使把一部分希望寄托在他人给予的帮助上，自己也不会束手无策、愁眉苦脸地被动等待，而是会积极主动地想办法。哪怕最终的结果不尽如人意，至少也不会徒留遗憾。

曾有位名人说，人最大的敌人是自己。不管面对什么情况，我们只有战胜了自己，战胜自己内心的恐惧和纠结，才能从容以对。

去年，刚刚14岁的琳达被母亲送出了国。由于家里的经济条件有限，从未出过远门的她独自踏上了去往他乡的旅程。琳达很清楚，母亲筹集送她出国的费用并不容易，甚至可以说是砸锅卖铁。因此，身在异国他乡的她不管遇到什么困难都咬牙默默承受，只为了不辜负母亲的期望。有一次，琳达被出尔反尔的房东赶出了家门，把房子租给了一个出价更高的留学生。她一个人拎着行李箱，走在深夜的街头，还不时有小混混向她吹口哨，后来她在快餐店里度过了难熬的一整夜。从此之后，琳达变得更加坚强，她就像是一棵倔强的野草生存在异国他乡。她暗暗告诉自己：我一定可以的！

在这个事例中，琳达是个非常懂事的女孩，知道母亲供她上学不容易，因此不管在国外遇到什么困难，都从来不向母亲诉苦。在努力战胜生活窘境的同时，她还十分积极主动地学习。可以说，琳达是个非常乐观坚强的女孩。她的心态也足以应对生活和学习中的很多情况。

一个人，只有真正发自内心地拥有自强不息的力量，才能更加从容地面对命运的挫折和挑战。所谓自助者，天助也。任何时候遇到难题都不要抱怨，更不要把希望寄托在别人身上。我们唯有拥有一颗真正强大的内心，才能彻底战胜自己内心深处的胆怯弱小，从而变成无所不能、勇往直前的强者。记住，只有自己才是永远的依靠！

◯ 思维的变现

一旦失去生命的"1",一切就会全变成"0"

每个孩子从开始读书起,就无限渴望得到100分。语文想考100分,数学也想考100分,似乎100分就是我们人生中最大的成就。即便结束学业,步入社会开始工作,我们也依然希望给自己交上一份满意的答卷。然而,在忙忙碌碌中,一心一意只想奔向成功的我们渐渐忘记一个道理:不管是100分也好,还是10000分也罢,那么多0都必须放在1的后面才有意义。假如没有1,那些0就会变成空洞的数字,没有任何实际意义。

1是什么呢?是满分的基础,是人生的根基。对于人生而言,1是健康,也是存在。假如没有1,人失去了健康的身体,即便拥有再多的名利权势,也都毫无意义。人们常说,钱能买来床,但是买不来安眠;钱能买来房子,但是买不来家;钱能带给人享受,却无法延长人的生命……此时我们才知道,原来熙熙攘攘为名利,一旦失去生命的1,一切就会全都成空。

第04章 行动思维：去想不如去做 ✓

  作为一个工作狂，艾米从大学毕业进入公司的第一天开始，就启动了疯狂工作模式。艾米的家在偏远的县城，父母都是小学老师，家境非常普通。为了供艾米读大学，读研究生，父母一直省吃俭用，母亲甚至连一瓶像样的护肤霜都舍不得用。为此，艾米发誓一旦开始工作，就一定要凭借自己的努力创造美好的未来，把父母从县城接到大城市生活。为此，艾米一分钟都不敢懈怠，每天都像是打了鸡血一样，充满激情和热情地对待工作，而且从来不知道疲倦。就这样，艾米度过了工作前三年的打基础阶段，被提拔为公司的中层管理者。

  父母看到艾米如同拼命三郎一般不知疲倦地工作，都很心疼，想着艾米得到提拔，应该可以稍微放松一些了。不想，艾米仿佛看到了希望之光一般，更加马不停蹄地朝着理想的人生目标奔去。在工作的第五个年头，艾米突然觉得身体不适，去医院进行全面检查之后，居然被诊断患了淋巴癌。这让艾米恍若遭受晴天霹雳，得知消息的父母更是痛不欲生。接受治疗的艾米就像变了一个人，无比苍白憔悴。她终于有时间可以歇歇了。面对那些前来看望她的朋友们，艾米感慨地说："此时此刻，我真的很后悔。人生这么长，我为什么要迫不及待地奔着死亡而去呢！假如没有健康的1，我的一切成就都成了0。我不但失去了奋斗拼搏多年的职位和高薪，也深深地伤害了我一心想要回报的父母。亲

✓ 思维的变现

爱的朋友们,不管你们的目标多么远大,理想多么伟大,都悠着点儿。千万不要学我,最终竹篮打水一场空。"艾米的话让在场的每个人都落泪,也给他们敲响了警钟。

如果没有健康,艾米即使拥有再多的成就,也终归是徒劳。对于她一直以来都很想报答的父母来说,她的患病更是难以接受的沉重打击。艾米无论如何也想不明白,自己原本努力奋斗的目的就是尽早回报父母,怎么如今却让父母陷入如此悲伤绝望的境地呢?现代社会,很多年轻人都因为生活和工作的压力太大,身体进入亚健康状态。面对繁重的工作任务和经常性的加班,有些三十几岁的年轻人猝死,给家人和社会都留下了巨大的悲叹。其实,这样的现象之所以会发生,惹人不胜感慨唏嘘,与人们分不清生活和工作的关系是密切相关的。首先,生活的目的不是工作,而是更好地生活。其次,假如为了工作而完全打乱生活的节奏,就会使生活与工作本末倒置,人生也被扭曲。最后,我们必须牢记自己的初心。工作只是我们实现人生目标的手段之一,千万不要因为工作而使生活变得毫无意义。

你的人生中有多少个1,又有多少个0?从现在开始,让我们厘清思路,分清主次,更加目标明确地面对生活吧!

第04章 行动思维：去想不如去做

时代日新月异，你必须求新求变

喜欢打牌或者打麻将的人知道，在牌桌上，随着一张张牌打出去，牌局也在不断地发生着变化。尤其是麻将，不停地出牌，不停地抓牌，造就了麻将桌上瞬息万变的局势。纸牌虽然不需要不停地抓牌，但是随着不停地出牌，局势也是千变万化的。很多情况下，别人的出牌也会对整个牌局产生莫大的影响。为此，我们不但要留心出牌，更要留心新抓到的牌，还要随时随地注意他人的动向，才能更好地把握局势。这就像是人生。人生，每时每刻都处于千变万化之中。不但我们自身各个方面的情况在变，与我们息息相关甚至漠不相关的很多人与事的变化同样也会对我们产生或轻或重的影响。

在这个瞬息万变、日新月异的时代中，即使我们自身不愿意改变，也会被时代的洪流裹挟着不得不变。当然，为了避免被动，我们完全可以主动改变。这样才能在时代的大格局中抢占先机，从而跟随时代的变化顺势而变。从个人的角度来说，

思维的变现

每个人的人生也同样需要改变。生活中，人们常说计划赶不上变化，就是意识到了改变无时无处不在。要想做到随时顺势而变，我们自身首先要做好准备。不但要打好知识基础，练好基本功，更要具有应对突发情况的能力。其实，这种应变能力早在古代社会就被提升到一定高度。诸如在很多战争中，"将在外，军令有所不受。"这句话流传甚广。意思是说，主帅率领大军在战场上厮杀拼搏，可以根据战场上的情况灵活应变，而不必完全按照皇帝的意思去执行。的确，皇帝远在皇宫，在信息闭塞的古代社会，怎么可能随时掌握战场情况呢？因而，主帅只能根据战场的实际状况及时调整战略。这也是在战争中获胜的至关重要的因素。

我们除了要应对一些突如其来的变化，还要面对人生中的诸多变故。尤其是在时代飞速发展的今天，我们更应该让自己顺应潮流和形势，及时改变，成就自己的人生。对于生活中的任何改变，我们都应该怀着积极的态度去接纳和融合。否则，当你抗拒改变，失败也就与你如影随形。

第04章　行动思维：去想不如去做 ✓

每天都多做一点，成功早到一点

很多人在生活中常常抱怨：为什么我今天如此努力，却不能获得成功？其实，这个问题本身就体现出提问者还不了解成功，更不曾洞察成功的本质。成功绝非一蹴而就。任何人都不可能在一夕之间获得成功。每个人的成功都是漫长积累的结果，只有每天多做一点点、进步一点点，日积月累，聚沙成塔，最终才能获得成功。成功不是天上掉馅饼，更不是不劳而获。成功的本质就是持续地努力和坚持不懈地付出与积累，还有面对失败和坎坷挫折时的不抛弃、不放弃。如果你未曾做到这一点，还有什么资格抱怨成功从不青睐于你呢？

初一下学期刚开学，郝梦的腿就不小心骨折了。为此，他不得不打上石膏，在床上休养了好几个月。后来，又因为康复训练，他直到初二开学才复课。原本，父母是准备让郝梦从初一开始读起的。但是一想到要离开熟悉的老师和同学，郝梦很

✓ 思维的变现

不愿意，他决定直接读初二。虽然初一下学期的知识不算很难，但是要想从头补起，还要兼顾学习初二的课程，郝梦的学习压力无疑巨大。为此，父母很担忧。郝梦却拍着胸脯保证："爸爸妈妈，放心吧！我在家养伤的时候也进行了自学。现在我每天都问老师一个问题，等到初二结束一定能赶上来，不会影响初三的冲刺的。"看到郝梦自信满满的样子，父母只好同意了。

刚开学的时候，郝梦每天都要复习功课到很晚，父母看在眼里，疼在心里。尤其是每天放学，郝梦总是要问老师一个之前自学过程中有疑惑的问题。就这样，半个学期过后，郝梦的学习成绩果然大幅提高。从刚开学的六七十分，达到了八九十分。看着郝梦如此进步神速，老师都觉得很惊讶。在班会上，老师特意以郝梦为榜样，让他与同学们分享学习经验。郝梦认真地说："首先我要感谢老师，每天放学后都会耐心地为我解答一个问题。其实秘诀就在这里。只要每天多做一点点，不但可以弥补差距，还能实现领先。等到我的课程都补完了，我依然会坚持这个习惯。到时候我可要挑战班级前三名呢！"

每天多做一点点，积少成多，不但能够把差距补上，还可以实现领先，让自己变得更加主动。郝梦的话虽然简单，但是

第04章 行动思维：去想不如去做 ✓

却说出一个深刻的道理：人生之中，不管是在学习，还是在生活和工作中，要想获得成功，必然离不开点点滴滴的坚持付出。任何事情都不可能一蹴而就，必须经过长久的坚持和努力才能最终有所收获。

有一些人在生活中鼠目寸光，不管做什么事情都只盯着眼前的这一点利益，根本不会考虑长远。并且他们还很懒散，做事情只做当时的，不会未雨绸缪。虽然我们说杞人忧天要不得，但是未雨绸缪却是必须的。俗话说，人无远虑，必有近忧。当我们抢先做一步，就能在未来的日子多一些轻松愉悦，也才能离成功更近一步。

✓ 思维的变现

人的精力有限，专注才能变现

　　不管做什么事情，我们都必须专心致志才能有所收获。刚刚进入小学开始读书时，我们就学过《小猫钓鱼》的故事。故事里的小猫因为三心二意，一会儿跑去赏花，一会儿跑去抓蝴蝶，最终一条鱼儿也没有钓到。毋庸置疑，人的精力是有限的。一个人不可能同时做好几件事情，也不可能在有限的时间和精力下，把每件事情都做得尽善尽美。这就要求我们必须学会合理地安排时间，分配精力，才能竭尽所能地把重要的事情做好，让我们距离成功越来越近，也让我们的人生少些局促，多些从容。

　　专注，是任何人获得成功的必要条件。如果爱迪生不够专注，在实验了若干种灯丝材料后，还没看到成功向他招手，他就会放弃了，也许人类还要在黑暗中摸索更长的时间；如果居里夫人对科学研究不够专注，也不可能一生之中两次获得诺贝尔奖，为人类的进步作出了重要的贡献。古今中外那些成功人

第04章 行动思维：去想不如去做

士，那些在人类历史长河中留下名字的推动者，无一不是专注用心的人。虽然我们只是普通人，未必能够在人类的历史长河中留下自己的姓名，但是我们也有属于自己的人生目标和追求，也有属于自己的成功。因此，每个人都应该全心全意地做事，这样才能活出属于自己的精彩。当你真的做到专心致志，心无旁骛，你也就离成功不远了。这就像是凸透镜，正因为专注，它才能把所有的阳光都集中到一个点上，从而绚烂地燃烧。虽然每个人的能量是有限的，但是如果能够将其集中到一个点上，必然能够创造出属于自己的人生奇迹。

做任何事情，用心不专都是大忌。比如学习，与其对各个学科都有所涉猎，成为所谓"全才"，最终却因为用心不专，学无所成，不如集中精力攻克自己最擅长也最感兴趣的领域，在其中做出杰出的成就，反而更加璀璨夺目。你可曾看到诺贝尔文学奖获得者莫言很擅长数学、物理、化学呢？你可曾看到诺贝尔生理学或医学奖获得者屠呦呦经常写作画画、弹奏钢琴呢？人各有所长。术业有专攻，才能让我们绽放异彩。

专注的人，即使在追求梦想的过程中遇到很多困难，也从来不会轻易放弃。他们坚信自己的梦想一定能够实现，并且为此付出全部的心力，即使"为伊消得人憔悴"，也依然无怨无悔。当然，一个人只有在从事自己喜欢做的事情时，才会达到

> **思维的变现**

这样高度的专注。比如爱迪生在实验室里总是废寝忘食，但在欣赏音乐时却情不自禁地呼呼大睡，由此不难看出专注与兴趣是密切相关的。现在人也常说，做自己喜欢的、感兴趣的工作是莫大的幸福，正是因为人们对于自己热爱的工作能投入所有的精神和心力，也更容易做出卓越的成就。朋友们，成为一个专注的人吧，当你对自己的兴趣专注时，你就一定能够获得成功！

第 05 章

审慎思维：尽量做到有据可依，避免不切实际

第05章　审慎思维：尽量做到有据可依，避免不切实际

做事求稳健，克服急功近利的思想

世界上的万事万物都有其发生发展的客观规律，如果违背了事物的发展规律，所有的努力都将变为徒劳，所起到的效果也将是南辕北辙、事倍功半。对于我们每个人来说，要想早日取得成功，除了要具备艰苦奋斗的优良品质，还要注意按照事物的客观规律来办事。如果不能做到这一点，那么，等待我们的必将是痛苦和失败。

有一个"把梳子卖给和尚"的营销案例，强调能够引导市场、制造需求的营销人员才是好样的。这样的人眼光独特，能看到事情的光明面，把不可能经营成可能。

现实真的如此吗？大多数人虽然并不十分聪明，但也不会很愚蠢。大家都不做的事，自然有其中的道理。所以，千万不要以为"世人皆醉我独醒"，不要以为只有自己独具慧眼，能发现新大陆。你发现的东西，也许人家早发现了，只是证明过不行才放弃了。那种认为自己无所不能的自我认知，常常会被

✓ 思维的变现

现实否定。

赵亮是一家文化传播公司的老板。这几年他接连投资出版了几本畅销书，在业内小有名气。不过，赵亮并没有满足。他认为这样的赚钱方式过于缓慢，和他把事业做大做强的理想还有很大一段差距。这时，他看到有同行投资拍网剧大赚了一笔，于是也产生了这方面的意向。他认为这样既能提高公司的知名度，又能增加收入来源。当他把这个打算告诉他的助手的时候，做事一向沉稳的助手却对他说："俗话说'做生不如做熟'。图书出版是我们的本行，而对于网剧我们却不知道里面的深浅，盲目投入风险太大。现在涉足这个行业的文化传播公司都是人才济济、设备齐全的大公司，容易做出成效。我们公司的员工就十几个人，每个人都超负荷运转，如果再分心做其他事的话，根本不可能取得成功。"但是，赵亮却不以为然，最后他还是拍板投资参与网剧制作。

这项新投资耗费了他大量的精力，他不得不减少对图书市场的研究，最终导致决策失误。另外，由于公司缺乏网剧方面的人才，很多工作不得不依赖合作伙伴或者外包公司，质量难以得到保证，最后的市场反响与相关收益都不理想。可以说在图书和网剧两个市场上，赵亮都输得很惨。

第05章　审慎思维：尽量做到有据可依，避免不切实际 ✓

对待新领域、新行业，正确的做法应该是在没有充分的调查研究之前，既不要否定，也不要肯定。只有经过广泛的、详尽的调查之后再做决定，才是正确的态度。当年，肯德基在进入中国市场的时候，公司派出一位执行董事前往北京进行考察。他先在北京的几个主要街道用秒表测出人流量，然后请500位不同年龄、不同职业的人品尝炸鸡样品，并详细询问他们对炸鸡的味道、价格、店铺设计等方面的意见。不仅如此，他还对北京的鸡肉进货源、油、面、盐、菜及北京的鸡饲料行业进行了详细的调查。最终得出结论：肯德基打入北京市场是微利经营，但消费群巨大，仍然大有可为。这才是在广泛收集信息的基础上进行的科学预测，如此得出的结论才是可信可行的。

做事求稳健。这就要求我们不但要明白前进的方向，找到前进的道路，而且要对路上的每一个小沟、每一个转弯都了然于胸。

通常情况下，走马观花得来的大概印象和事物的真实面目总有一定的差距。我们要克服急功近利的思想，把事先的准备工作落到实处。为了少犯错误，要注意对情况进行详细分析，并尽量收集新的资料加以检验。时时提醒自己，不可轻率地下任何结论。人肯定会犯错误，但是那种被直观感觉误导而产生的错误应该尽量避免。

◉ 思维的变现

考虑周详，有了胜算的可能再去做

在现实生活中，有很多人一走进社会就想有一番大作为，凭着一时的热情和冲动猛打硬拼，结果大多力不从心，垂头丧气地败下阵来。其实，一个人做任何事，尤其是与自己关系重大的事的时候，一定先要考虑周详，有了胜算的可能再去做。这样看起来有些迂缓，但是成事的概率较大。

常言道"欲速则不达"。一个人的梦想无论有多么远大，都不要急于求成、急躁冒进。如果在行动的过程中过于莽撞，用拔苗助长的方法求得早日成功，最终将会给自己带来无尽的灾难。其实，凡是取得巨大成就的人，都了解在违背客观规律的情况下追求速成是十分不明智的选择。他们的成功，是一个循序渐进、遵循规律的过程。

有很多优秀的创业者都有一段在其他企业打工的历程。当然他们对公司是绝对忠诚的，只要在这个公司里待一天，他就会对公司尽一份责任，把自己所有的才华和智慧全部用于公司

第05章　审慎思维：尽量做到有据可依，避免不切实际 ✓

的发展壮大。但是这样的人绝对不是为了挣钱而打工或通过打工而挣钱的。他会把公司当成一个平台，通过平台了解这个行业如何运作，怎样才能更好地运作，并认真了解运作行业的每一个环节、每一道程序。世上无难事，只怕有心人。每个成功者首先是个有心人、用心人。他不仅把钱看作财富，更把赚钱的办法看作财富。

每一个胸怀大志的人都渴望成功。为了早日实现心中的目标，有不少人选择坚持不懈地努力和奋斗。但在很多情况下，这些人的加班加点并没有加快成功的到来，反而让梦想离自己越来越遥远，这究竟是为什么呢？其实原因很简单，那就是他们在追求梦想的过程中没有耐性，过于急躁，急于求成。其实，人生的成功之路就像是一场马拉松赛跑，最先着急奔跑的人并不能如愿到达终点，反而过早地从路途中退出，只有那些不急躁、不冒进的人才会赢得最终的胜利。

客观分析,不要人云亦云

我们正处于一个快节奏的社会之中。新的潮流、新的变化每天都在产生。如果你缺乏必要的辨识能力,那就很容易被挟裹其中,迷失自己。

一则耸人听闻的消息,当只有一两人传播时,我们往往不会相信;若有十人八人传播,则可能会将信将疑;若成百上千人都已相信,则很少有人还能不受影响,坚持独立思考和判断。所谓"众口铄金",传言的迷惑性就是这么大。当它越传越真、追随者众多的时候,甚至连它的制造者也会犹豫不定,对眼前的诱惑抱着"宁可信其有,不可信其无"的态度。比如,我们都有这样的体验,当听到许多人都靠某种方法成功的时候,心里也总是蠢蠢欲动。但我们要知道,在每一次选择中,依靠非专业的亲戚朋友提供的建议显然不是一个好方法,即使他们是善意的,而且并未夸大其词,他们的话也不可以全部采纳。过去对他们来说行得通的事情,换一个时间未必同样

第05章　审慎思维：尽量做到有据可依，避免不切实际 ✓

顺利。此外，因为每个人的客观条件不同，适合这个人的成功模式，另一个人复制过来也未必有效。所以千万不要相信社交场合中有关成功的"小道消息"，那些场合绝非获得消息的好渠道。有潜力的项目必须是经过研究分析，比较过风险、收益率、经济与市场状况而产生的。

人们运用自己的理性，通过客观分析所得出的结论，与耳朵里听到的信息往往存在差异。如果我们要让自己获取更大的成功，唯一可以依靠的就是自己灵活、敏锐的头脑。我们必须不断地接受新的信息，磨炼经营的感觉，掌握许多与经营感觉相关的东西。对于每天所遇到的事物怎么看待、怎么吸收，对眼前的事物怎么感受、怎么思考，都要在这当中一点一点地摸索。

埃迪在伦敦经营着一家咖啡馆。他的小店深受欢迎，人们都愿意到这儿约见朋友或独自享受闲暇时光。在自己开店之前，埃迪几乎走遍了周围大大小小的咖啡馆。他是带着无数个问题来品尝咖啡的。每喝到口味一流的咖啡，他都会仔细探究这种咖啡为什么好喝，确认其是用什么煮的，探究咖啡豆的种类和咖啡的搅拌方法，有机会时会直接询问老板秘诀。继续深入探究下去，埃迪明白除了咖啡本身的味道，店内的氛围也对客流量有相当大的影响。就这样，顺着对"为什么"的思考探

✓ 思维的变现

究下去，埃迪得到了各种各样的信息。这些都是宝贵的第一手资料，对于埃迪开创自己的事业有极大的帮助。

同样是在街上漫步，无心人往往什么也感受不到。而一些有心人，如留心寻找新的事业发展契机的创业者，会将一些事物和现象牢牢地刻印在大脑里，随时为自己的事业补充新的能源。

当我们进入一个新领域的时候，常常会在一些事情上举棋不定，不知道该相信自己还是相信别人。因为环境所限，一般情况下人们都缺乏优质的信息来源。他们所接触的大多是廉价的观点和夸大其词的评论。这些只能干扰一个人的独立思考，并将他引入歧途。而那些经历了大浪淘沙的成功者，大多足够理智、自信、耐心，并且能够战胜怕输心理、从众心理，做到冷静观察，独立思考，最终成就一番事业。

第05章　审慎思维：尽量做到有据可依，避免不切实际 ✓

行动之前，必须用心去观察和思考

机遇和挑战永远存在于生活之中，艰难和困厄只是生活给予我们的一次次严峻考验。假如能够保持清醒的头脑和冷静的态度，就可以寻找到人生的突破口。许多事情都是这样。当我们陷入困厄中，感到困惑、迷茫，找不到属于自己的路时，也许这并不是一件坏事。只要我们能够冷静思考、大胆开拓，就会为自己的人生开拓出一个新的局面。

在行动之前，必须用心去观察和思考，选准自己的方向。否则，为一些蝇头小利盲目行事，只会因小失大，甚至一无所获。全面分析客观形势，找准自己的出路，最终才能立于不败之地。

查尔斯·狄更斯，英国批判现实主义作家，他所创作的《雾都孤儿》（1838）、《大卫·科波菲尔》（1850）、《艰难时世》（1854）、《双城记》（1859）等是世界文学史上的

思维的变现

不朽经典。狄更斯的成功与其悉心观察现实、体味人民疾苦脱不开关系。无论刮风下雨，他都坚持每天上街观察和倾听，记录平民的说话语调、行事风格，积累丰富的生活资料、写作灵感。通过这种方式，他在《大卫·科波菲尔》中对人物对话进行了精彩的描写，在《双城记》中留下了现实的社会背景描写，被后人尊称为19世纪最伟大的英国作家。

我们做事情要求新求变，这本身没有什么问题。只是你所有的点子必须与时代的潮流和人们的现实需求相结合，否则就没有根基。我们常常听到这样的故事：某位生意人凭着一个创意而击败对手，从而财源滚滚。这个时候，就需要我们能透过现象看本质，例如这个人是否还有其他优势，是否拥有一般人并不具备的商业素质。

创新的另一层意义就是对既定说法的辩证否定和对目标路线的重新规划。例如：要改变既定路线，就必须对自己先前的计划说"不"；他人的要求或期待对自己的成功进程有妨碍时，我们就要对他们说"不"；为了谋求更远大的目标，也可以对目前的良机或成功的苗头说"不"。总之，没有否定，就不会有选择，也就不能踏上与众不同的成功之旅。

第 06 章

强者思维:像成功者那样去思考,去努力

第06章　强者思维：像成功者那样去思考，去努力 ✓

站在巨人的肩膀上，借鉴成功人士的思维模式

无论从哪个角来说，年轻人都和成功人士有一定的差距。想要短时间消除这种差距是不可能的。毕竟成功人士比我们多打拼了那么多年，社会经验、人脉资源都比我们丰富。他们独到的眼光、敏锐的洞察力是长年累月锻炼的结果。这些虽不是我们一朝一夕就能学会的，但我们可以多借鉴成功人士思考问题的角度。当我们习惯了像成功人士那样思考问题时，就会发现这是一笔巨大的财富。

人们成功与否的根源就在于思考问题的角度是否正确。今天我们可以一无所有，但一定要有学习的勇气和自觉；今天我们可以没有眼光，但一定要知道哪些人有眼光，并能够跟着他们的眼光走；今天我们可以没有智慧，却一定要有分辨智慧的能力，才能用别人的智慧武装自己；今天我们的头脑可能还不够敏锐，但我们一定要有自知之明并继续努力。思考支配决定，决定影响行动，行动造就结果。也就是说，有怎样的思

✓ 思维的变现

考，最终就会有怎样的结果。

我们要趁着思维方式还在不断变化的时候，多借鉴成功人士的思维方式。如果我们不能有一种新的正确的思维方式，那么明天我们将继续过着和今天同样的生活。所以，我们要学会像成功人士一样思考。这样才能纠正我们的思维方式，才能让我们的决定、行动朝着正确的方向前进。

比如，对于积累财富来说，我们要学会以下三种思考方式。

1.我们要有正确的金钱观

金钱并不等同于财富，它只是一种观念。一个人只有拥有了支配金钱的力量才能变得富有。如果你对金钱有依赖感，你对物质的需求就会永远大于你可能获得的财富，那么你支配金钱的力量就会变小。金钱只是一种交换媒介，它本身并没有什么作用，它能够为你带来物品、服务时才是有用的。所以，如果一个人的安全感和依赖感全部来自金钱或者为其提供金钱的工作时，他就会变得离不开钱或工作，就会为钱而工作，这就陷入了"穷人的思维模式"。我们要学会的恰恰是控制金钱的力量。我们越需要钱，就越缺乏这种力量。如果你能意识到"我本身就是有力量的。我的思想观念是有价值的。即使我变得分文全无，我的身体和思想也能够给我带来足够的财富"，你就拥有了控制金钱的力量。这样你就能够学会让钱为你赚钱，让思想为你赚钱。即使你目前还处于一穷二白的情况下，你也会有力量感和满足感。这些就是你一生都用不尽的财富。

一个想要变富的人一定要常常说"我需要控制金钱的力量"，而不是说"我需要金钱"。正如你需要的不是金子，而是点石成金的方法。

2.我们要学会积极又理智的思考方式

每一件事物都有它的两面性。我们既要学会从它的积极一面思考，又要考虑如何尽量避开或者减弱它的消极影响。对于获取财富来说，机会往往都是伴随着风险的。大部分人通常只看到其中存在的风险或者蕴藏的利益，而忘了它的另一面。因此，他们不是因为恐惧不敢行动，就是因为盲目乐观而中了圈套，被套牢或被欺骗。会经营财富的人对于机会是很看重的，但他们同时也在估算预期的利益值不值得冒风险，并在确定行动之后，设法把风险排除或者减弱。

1992年，西班牙巴塞罗那举行了第25届奥运会。一家巴塞罗那的电器商店在奥运会举办前贴出告示："如果西班牙在本次奥运会上的金牌总数超过10枚，那么顾客在奥运会期间购买的所有电器将会得到全额退款。"

这个消息一下子在巴塞罗那造成了轰动。人们纷纷从这家

✅ **思维的变现**

商店购买电器,因为如果西班牙得到10枚以上的金牌,那么这相当于一次可以免费获得电器的机会。而如果西班牙没有赢得10枚以上的金牌,一个家庭也总会需要电器,在哪买价格都差不多。在奥运会刚刚进行的前几天,西班牙就取得了10金1银的好成绩,人们纷纷涌进这家商店。很多人以为这次这家店一定赔光了。其实,老板早已看到了这次生意蕴藏的巨大商机。但同时,老板也预料到了这次生意可能遭遇到的巨大风险,因此他早在贴出告示之前就去保险公司投了专项保险。所以,无论西班牙运动员的表现如何,这家商店都稳赚不赔。

大胆地进行投资,却小心翼翼地为投资上了保险。这就是作为一个擅长经营财富的人最典型的对待机遇和风险的态度。积极看待机遇的同时,理智地规避风险,这就是他们要做到的事。

3.我们要正确地理解金钱的价值

同一笔钱,发挥的作用越大,用途越广,能够为你创造的价值就越多。在很多人的观念里,一笔钱只能做一件事;而在有些人的观念里,一笔钱,甚至一笔目前还不属于自己的钱就能够为自己做很多事。

船王丹尼尔·洛维格开始创业时一无所有,但他想出了一

第06章　强者思维：像成功者那样去思考，去努力 ✓

个"借鸡生蛋"的好方法。他先得到了一艘破旧的老油轮，然后将其改装修整，租给一家有信用的石油公司来赚钱。他还想向银行贷款，购买更多的油轮收租赚钱，但在贷款时遇到了难题：银行需要抵押物，而丹尼尔只有一艘已经租出去的油轮。丹尼尔和盘托出了自己的计划，并把油轮租契交给银行，银行只要直接向石油公司收租金就可以了。这样尽管没有抵押物，银行也没有任何风险，因为改装后的油轮租给的石油公司是极可靠、极有信誉的。考虑再三，银行将钱贷给了他。丹尼尔用贷款买下了一艘旧货轮，并成功地改装成了一艘油轮。他继续如法炮制，将油轮租给石油公司，又用租契作为抵押，贷款买下另一艘船进行改装。这样循环往复，当一艘船的租金可以付清银行贷款时，以后的租金就归丹尼尔所有了。

在这个事例中，丹尼尔仅用了一张租契就盘活了一笔资金。在油轮运行的同时，又将其变成了抵押物，油轮不仅为自己挣钱，还为自己盘活了资金。这种一物多用、一钱多用的方式为他创造了价值。如果我们也拥有这种观念，我们就能够运用仅有的资产创造更大的价值。

年轻的我们虽然不可能现在拥有巨额的财富，但我们可以学着像已成功的商人一样思考。无论是获取金钱还是投资金

✓ 思维的变现

钱,我们都要试着用他们的方法为自己创造财富。我们的人生之路还很长,还会碰到很多的问题,同一个问题在每个人面前也会有不同的解决方法。我们如果学会了成功人士的思考方式,那么绝大部分问题都会完美地解决。

第06章 强者思维：像成功者那样去思考，去努力

兼听则明，前辈的意见也许对你有所启发

年轻人常听前辈说"我过的桥比你走的路还多"。虽然这是他们夸张的说法，但他们经历的的确要比我们多得多，见过的事、懂得的道理也比我们多得多。当年轻人在工作或生活中遇到困难时，前辈们总会用说教的口吻讲些道理。我们和前辈们成长的年代虽然有差异，但多听听他们的意见对我们绝对没有害处，因为他们也经历过刚步入社会的阶段，体会过我们的感受。所以，当年轻人遇到困难或者有什么解不开的烦恼时，可以多听听前辈的意见。这或许对我们会有所启发。

对未来的憧憬是美好的，但残酷的现实总会让我们感到不知所措。我们在生活中寻找适合自己的工作、寻找属于自己的爱情。当我们习惯了不停地向前、不停地寻找的时候，一个突如其来的打击就会让我们束手无策，找不到打破这一僵化局面的突破口。

我们涉世未深，并没有足够的能力把事情解决得十分完

思维的变现

美。这时我们可以向前辈请教，让对方帮我们分析问题的原因，一起讨论解决的办法。前辈会根据自己的经验尽力帮助我们认清现实，这样我们才能尽可能地将事情完美地解决。

你可能会说，自己的路我们自己会走，无论多难的事情我们都可以自己想办法解决。当然，有这样思想的人是好样的，但是你需要花费多长的时间才能解决问题？解决的结果又会令你满意吗？向前辈请教不仅能缩短解决问题的时间，还能提高效率，更能让你在其中悟出道理，一举多得，何乐而不为？当我们的梦想被现实击碎的时候，我们就明白应该在现实中寻找真正属于自己的幸福，寻找属于自己的机会。只有把握好我们所拥有的，并用我们现有的资源不断地争取进步，不断地拥有更多的实力，我们才能够实现自己的梦想。世俗的智慧告诉我们：只有适应现实世界，我们才能够找到人生的最优解法。

年轻人还要学会利用身边现成的资源，而这些前辈们就是你身边最好的矿藏。对于一个刚刚步入社会的年轻人来说，父母师长就是资源。当遇到一些困难的时候，他们能帮忙一起度过。当然向前辈请教并不是依靠前辈，而是利用前辈的经验丰富自己的处事方式。当其他年轻人还在苦苦地寻求解决事情的方法时，我们已经在为自己的命运打拼了；当其他人还在糊里糊涂地生活时，我们已经做出了最适合自己的、最合理的规划，并为达成最终的目标而按计划前行。我们只需要按照自己制订的规划，踏踏实实地走好人生的每一步，当到了而立之年时，我们就会比其他人活得更轻松、更从容。面对每一双轻视的眼睛，我们都能够回以最自信的笑容，坦然地告诉他们："十年后比比看"。

要知道，一个人的幸福不是来自家庭的优越条件，也不是依靠他人的施舍，而是来自自己的人生经验，来自自己的努力。认识到这一点非常重要。

现实本来是一种难以定义的东西，但它却影响着每个人的一生。现实就是生存、世俗加上规则，一种很理智、程序化、既不美也不浪漫的东西。如果我们早一点运用自己的智慧来化解现实，那么它就是一种规则的美。试想一下，如果我们的世界是按照某些人想象的那样安排，那样天真和浪漫，那么又由谁来承担生存的责任呢？我们的世界又会变得怎样混乱呢？

为了让我们能在现实生活中活得更加称心如意，我们就要学会在面对困难时及时地向前辈请教。我们可以不用完全听他们的话，但是他们的教导我们一定要学会听取。留下真正能帮助自己的，让这些经验与时俱进，成为我们自己的人生经验。这样，我们才能在彷徨的时候找到属于自己的解决办法。

✓ 思维的变现

为自己树立一个榜样，使其成为你人生的样板

心有多大，舞台就有多大。你为自己树立多么远大的理想，你的人生之路就能走出多远。理想决定了人生的高度。为此，人们纷纷树立理想，一个理想比一个理想更加高远。然而，需要注意的是，好高骛远的理想因为虚无缥缈，也往往意味着很难实现。为了完成理想，我们最好为自己树立榜样。当你看着比自己更高的榜样都在努力前行时，你自然会鼓起勇气，督促和鞭策自己勇敢前行。

每个人都需要榜样。因为从榜样身上能发掘出很多值得学习的东西。尤其是当你的榜样就在身边时，其以身示范的作用会影响更大，时刻督促你勇往直前。举个最简单的例子，当孩子在学校里为自己树立榜样之后，他原本可能很想玩耍，但是看到榜样正在伏案疾书，用功学习，那么他就会收敛自己的贪玩之心，也开始像榜样那样努力学习。这就是榜样的力量。

如果说理想是人生的方向，那么榜样则是人生的样板。从

第06章 强者思维：像成功者那样去思考，去努力 ✓

榜样身上，我们不但可以学习到许多优秀的习惯，也可以预见到未来的自己将会是什么样子的，这可比幻想的激励作用更加切实有效。从这个意义上来说，你选定榜样的优秀程度，也就决定了你进步的速度。当然，榜样的选定并不能好高骛远。因为过高的榜样非但无法激励我们进步，反而会让我们产生挫败的感觉。例如，作为一个普通人，却要以大明星为榜样，那么你无论如何努力，都会觉得无法触碰到成功的边缘。时间久了，你必然会从失望到绝望，直至最终彻底放弃。反之，如果你学习上的榜样只是你的邻居——你在读大专，他在读本科，那么你只要努力奋斗，大专毕业之后继续读本科，就能让自己得到满足。也许有人会说，把榜样树立得过于平凡会影响我们的积极进取之心，不利于我们的长期发展。其实不然。如果你很快就达到了榜样的水平，那么你完全可以继续为自己寻找下一个合适的榜样。榜样的树立不可能一劳永逸。你只有不断地树立榜样，才能不断超越自我。在实现前一目标的满足和未实现下一目标的不满足之间实现螺旋式上升。

开学之后，豆丁就是一名初三的学生了，但是他在学习方面始终没有太大的进步，这让爸爸很苦恼。豆丁从小就失去了妈妈，一直和爸爸相依为命，虽然爸爸无时无刻不在努力工作

✓ 思维的变现

挣钱，提高豆丁的生活水平，但是并不能像妈妈那样无微不至地照顾豆丁，因此他们父子的关系很紧张。眼看着豆丁即将中考，成绩却不理想，爸爸心里很着急。思来想去，爸爸想出了一个好办法。

原来，豆丁从小就和萌萌一起长大，和萌萌就像铁哥们儿一样，关系十分密切。爸爸于是专程到学校找老师，恳请老师在班级里开展学习小组，两两配对，从而把萌萌和豆丁搭配成一组。这样一来，豆丁与萌萌的关系就变得微妙起来。他们不仅是玩伴，更是学习上的伙伴，还是互相竞争、你追我赶的对手。在第一次月考中，原本成绩排名中上等的萌萌，前进了两个名次；而学习很差的豆丁倒退了一个名次。看到排名之后，老师特意点名指出豆丁和萌萌的学习小组效率很低，需要好好努力了。

放学之后，萌萌埋怨豆丁道："你啊你啊，要不是你拖后腿，咱们怎么可能被批评呢！这下好了，我所有的努力都被你抹杀了。下次如果你再这样，我就不和你一组了！"听了萌萌的话，豆丁羞愧极了。他满脸通红地说："放心吧！从现在开始，我就把你当作我的榜样。我每次都要提高三名，最后超越你。"此后，豆丁果然激发出了强烈的学习动力，甚至连每天晚上必看的科幻节目都暂停了。经过一个月的努力，在又一次

第06章　强者思维：像成功者那样去思考，去努力 ✓

常常已经读了至少两个小时的总谱或书。"小泽这样说。

正是因为如此，在一次比赛中，小泽征尔以敏锐的洞察力听出了乐谱的错误，并敢于向在场的权威人士质疑，成功在比赛中胜出。

的确，伟大的成功和辛勤的劳动是成正比的，有一分劳动就有一分收获，日积月累，就可以创造出来奇迹。这是绝对的真理。只有勤奋工作才是高尚的，才能给人带来真正的幸福和乐趣。勤奋是通往荣誉圣殿的必经之路。那么，小泽征尔为什么会如此用功？他是怎么养成勤奋学习的习惯的？答案是：他的动力来自他对音乐的热爱和追求。

因此，生活中的人们，如果你还在浑浑噩噩地生活，还在感叹自己无法改掉某些恶习，那么，你不妨也为自己找个伟大的目标吧！具备强有力的信念，你就能找到前进的方向和动力。它能使你摆脱空谈，能帮你挖掘潜能、克服阻力。

信念的力量是无穷的。大自然赐给每个人以巨大的潜能，但由于没有进行各种专门训练，每个人的潜能其实从没得到过淋漓尽致的发挥。人的潜能往往是通过强力激发出来的。这样说来，人人都是天才，至少天才身上所具备的东西都有可能在普通人身上找到。

✓ 思维的变现

爱默生告诫我们："人总归是要长大的。天地如此广阔，世界如此美好，你们不仅需要一对幻想的翅膀，更需要一双踏踏实实的脚！"任何人的成功都是点滴的进步积累得来的。但反过来，任何思维和行为上的进步都需要梦想的指引。因此，从现在起，你只需树立一个正确的目标，调动你所有的潜能并加以运用，这个目标便能带你脱离平庸，步入精英的行列！

我们都渴望成功，但成功并不是一蹴而就的。没有人能随随便便成功，成功者必须拥有良好的行为习惯、严谨的工作作风和勤奋的学习态度。不付出努力同时又想把蛋糕做大，这是不可能的。反过来，成功的理念、梦想、使命感都能对我们的行为起到指引和约束作用。因此，我们有必要为自己树立一个伟大的梦想和目标，并制订一个可行的计划，这样，我们就获得了持久的动力。

第06章　强者思维：像成功者那样去思考，去努力

超越成功者，你就一定能够获得更大的成功

任何梦想都是一个长期目标。在这样的目标指引下，我们能保证大方向的正确。但是过于长远的目标无疑会使人们感到疲劳，毕竟长期目标并非一朝一夕就能实现的，就像漫长的旅途容易使人感到劳累一样，过久的拼搏却没有激励因素，同样会让人感到疲惫不堪。为此，很多人都会把长期目标进行分解，使其变成若干个短期目标。当这些短期目标实现后，人们就会感受到成功的喜悦，也会因此变得更加自信。

其实，除了分解目标外，还可以采取为自己树立榜样的方法激励自己。尤其是当榜样是身边熟悉的朋友或者同事，甚至是兄弟姐妹时，因为我们总是能够看到对方，切身感受到对方的成功，也就更容易受到鞭策和激励。而且，榜样是有血有肉的鲜活的生命，所以榜样不但可以激励我们努力进取、寻求超越，还可以成为我们学习的对象。所谓青出于蓝而胜于蓝，当我们真正做到这一点，一定会获得巨大的成功和喜悦。超越成

思维的变现

功者，我们就一定能够获得更大的成功。换言之，我们也只有获得比成功者更大的成功，才有可能超越作为榜样的他们。

现实生活中有很多人都在做白日梦，幻想着自己有一天能够变得非常伟大。实际上，一味地做白日梦并不能帮助我们实现理想，真正切实有效的方法是从熟悉的人中找到一个人作为自己的目标；超越他之后，再重新确立一个更优秀的人作为自己的目标。如此一个一个优秀者挑战下来，你会发现自己就像上台阶一样，已经不知不觉进步了很多，人生也发生了翻天覆地的变化。

已经升入高三的小雨最近才意识到要努力学习了。因为再不努力，真的会考不上大学了。

如何才能迅速取得进步呢？成绩处于中下水平的小雨有些摸不着头脑，找不准方向。思来想去，她决定从同桌入手。原来，每次考试，同桌都比小雨排名靠前五六名。小雨认为尽管自己求胜心切，但是心急吃不了热豆腐，不能急于求成，于是将同桌当成自己目前的目标。

尽管小雨的目标是成为班级的尖子生，但是她却先把同桌看作榜样和对手。就这样，经过一个月的刻苦努力，在月考中，小雨的名次果然超过了同桌，甚至还比同桌靠前一名！这

第06章 强者思维：像成功者那样去思考，去努力 ✓

个小小的成功让小雨非常高兴，也因而对自己更有信心了。接下来，她将坐在前排的娜娜定为目标。娜娜的成绩在班级里算中游。要赶上娜娜，小雨在下一次考试中还要提高五名左右。

确定目标之后，小雨继续努力。因为提高五名并不很难，所以她不担心。不过她也没有放松，每天早晨都早起背诵英语单词，朗读英语课文。果不其然，英语进步很大，小雨的总分居然上升了八个名次。接下来，她把目标定位在小风身上，这样只需要再进步两个名次。小雨的目标是精益求精，也许只要少错一题，目标就能实现。期中考试时，小雨非常认真细心，也因此戒掉了粗心的毛病，如愿以偿地把名次提高了两名。如此继续下去，在高考中，小雨顺利考入班级前五名，进入了梦寐以求的大学，也让老师、同学及父母刮目相看。

毋庸置疑，假如小雨在成绩不理想的情况下，想要一步登天地考入班级前五名，这几乎是不可能实现的，反而还会因此承受巨大的压力，最终导致事与愿违。但这样循序渐进，把身边比自己更优秀的同学作为目标去追赶、去超越，效果自然事半功倍。此外，小雨还能从一次次的阶段性成功中获得信心，从而使自己的提升计划进入良性循环，也给予了她更大的力量。

其实，这种超越成功者的方法不仅适用于学习，也适用于

思维的变现

人生的方方面面。例如，在职场上，我们不可能从一个普通职员一跃成为高层管理者。所谓饭要一口一口地吃，路要一步一步地走，当我们处于公司基层时，千万不要这山望着那山高，更不要眼高手低；只有脚踏实地地勤奋工作，让自己一个台阶一个台阶地向上攀登，才能最终实现人生目标，也才能完成自己的梦想。

尤其是现代职场竞争异常激烈，每个人都要靠自己的实力才能得到长足的发展。假如我们一味地沉浸在对美好未来的幻想中，把目标定得过高甚至不切实际，我们的自信心就会备受打击，导致事与愿违。成功人士都有自身的独特之处，我们可以学习他们的成功经验，却不能盲目照搬他们的成功模式。东施效颦只会贻笑大方。如果走错了人生道路，一定会追悔莫及。所以我们最需要做的就是向成功者学习，为自己的人生提供无限的可能性。

第06章 强者思维：像成功者那样去思考，去努力 ✓

想要成功，先要像成功者一样思考

英文中有句谚语，意思是说一个人如果想要成为某个样子，就要先装成那个样子。这样一来，渐渐地他就会真的变成那个样子。细心的朋友们会发现，当我们心情不好的时候，如果我们假装非常高兴，对着镜子微笑，那么我们就会变得越来越快乐，最终真正拥有好心情。从心理学的角度而言，这就是积极暗示的作用。

在现代社会的商场和职场上，不管我们是开创事业的老板，还是给老板打工的职员，要想让自己真正走向成功，得到他人的认可和尊重，我们必须首先让自己变得"像个成功人士"。这样一来，不但能够增强我们的自信，也能帮助他人树立对我们的信心。

小敏高考落榜之后，就跟随同村的小姐妹去了广州的一家服装厂打工。每天三班倒的工作安排使刚刚走出校园的小敏感

◉ 思维的变现

到非常劳累。她已经受够了这样的日子,再也不想继续过这样的生活。此时,她开始想念无忧无虑的校园生活。当看到设计师来到车间里查看工作情况时,小敏更是羡慕不已:假如我也能成为一名设计师,就能够彻底改变现在的命运,也能够得到其他女工的羡慕了。有了这样的想法之后,小敏开始对服装设计产生了浓厚的兴趣。

她先临摹设计师废弃的图纸,随后加入自己的一些小心思、小细节。由于没有美术功底,小敏一开始的设计图简直糟糕极了。不过,小敏不断地勤学苦练。每到周六日,她还会去那些高档的商场里多看一些时装,因而越来越有灵感,绘画的本领也渐渐提高。对此,很多同来的小姐妹都劝说小敏不要不切实际,因为她们已经认定了自己一生都会是一个缝纫工人。然而,小敏对此不以为然。每当闲暇时,她还会主动去设计师的办公室为他们打水、扫地、清理垃圾,做各种各样的杂活。就这样,小敏受到了很多设计师的喜爱和欢迎,他们也愿意尽举手之劳,帮助小敏指点作品。一年多之后,一个设计师告诉小敏有个业余服装设计大赛可以参加,小敏马上找出自己最得意的作品报名。结果,小敏居然得了一等奖,有很多服装公司都提出购买她的创意。这时,小敏把图纸给了自己所在的服装厂。不久之后,她不但得到了一大笔奖金,还被调动到设计部

第06章　强者思维：像成功者那样去思考，去努力

担任设计师呢！

小敏实现了自己的目标。这一切都是因为她总是竭尽所能地做设计师做的事情，并且也真正把自己当作设计师，给自己提出要求。

小敏从像一个设计师，再到变成一个真正的设计师，期间经历了漫长的过程。当然，她必然面对很多难题，但是她从未放弃过。正因为她始终按设计师的要求要求自己，才能在前进的路上不断获得进步。其实，很多人之所以获得成功，恰恰是因为他们始终把自己当成是成功者，并且真正做到像成功者那样要求自己。

需要注意的是，让自己真正像一个成功者，远远不止表面形象的打造，还包括专业能力、内在涵养等。在强烈的心理暗示和心理作用下，我们会变得越来越像成功者，直到我们真的成为成功者。把这个方法运用到他人身上，我们也能成功改变他人。例如，聪明人想要他人改变时，从不会对他人颐指气使，而是非常真诚友善地表扬他人。即便他人还没有达到他的预期，他也会真心诚意地当作他人已经实现了他的预期，因而大加赞赏。在这种情况下，他人必然会为了符合他的夸赞而更加不遗余力地改变自己，使自己更加符合他的期望。这就是赞

✓ 思维的变现

美的魔力。

从现在开始再也不要把自己看成是失败者了。只要我们像真正获得成功的人那样去说、去做、去想、去要求自己,我们早晚会为自己的进步感到惊讶不已。

第 07 章

机会思维：不期而至的机遇，有准备才能抓住

第07章 机会思维：不期而至的机遇，有准备才能抓住

事预则立，努力提高和完善自身

人在职场，总会有很多不如意。面对竞争激烈的职场，除了有些天生就占据优势的人能够比较轻松地获得成功外，大多数人都不得不精心谋划，努力打拼。他们日复一日地承受繁重的工作，加班是常有的事情。尤其是很多人还做着自己并不喜欢的工作，就更加显得动力不足。在这种情况下，很多尚不成熟的职场人士会选择跳槽走人，炒老板的鱿鱼。最终却发现天下乌鸦一般黑，天下公司一般忙，几乎没有能够让自己快乐生活、随心所欲的工作存在。因而，他们忍不住长叹一声：这个世界上竟没有我的容身之地！如果你一直在工作中略有不满就炒老板的鱿鱼，也许最终会悲哀地发现这个世界上真的没有你的容身之地了。那么到底如何应对职场尴尬？怎样做才是上上策？聪明人自有妙招。

倘若你对每一份工作和每一个老板都不满意，那么不得不说并不是老板或者公司出了问题，而是你的心态出了问题。在

✓ **思维的变现**

来之不易的工作面前，每个人都难免有委屈，但我们依然应该怀着尊重和珍视的态度对待工作。不仅生活十之八九不能让人如愿以偿，工作也是如此。在这种情况下频繁跳槽并没有从根本上解决问题。与其主动出击，选择炒掉老板，不如静静等待，在等待的过程中不断提升自己。这样也积累了丰富的工作经验。举个最简单的例子，假如你能静下心来在一个行业或一家公司工作五年以上，你会发现到了这个时候自己才有资格评价这个行业或者这家公司。在此之前，千万不要轻易放弃你选择的行业或公司。归根结底，频繁跳槽只会给后来的用人单位留下恶劣的印象。只有脚踏实地，勤勤恳恳，你才能最终有所收获。

小丁和小马大学毕业后，一起进入了一家公司工作。刚开始时，他们都非常珍惜这个工作机会，毕竟即使是这份不起眼的工作也是他们花费了好几个月才找到的。现在的社会，大学毕业生遍地都是，他们虽然拿着大学文凭，却丝毫没有提升自己的竞争力。工作了三个月之后，小丁渐渐开始在小马面前抱怨："小马，你准备一直做这份工作吗？我觉得一点儿前途都没有，你看我们干的工作毫无技术含量，上司甚至都叫不出我们的名字。这样坚持下去，还有什么意义呢？"小马显得比较

第07章　机会思维：不期而至的机遇，有准备才能抓住 ✓

淡定："认真去做吧，毕竟我们才进入公司三个月。即使是金子，也不可能这么快就发光的。我想，我们还需要继续努力，慢慢积累和沉淀。"小丁不屑一顾地说："你可真是死脑筋。如果咱们继续这么干下去，等三年以后发现这里没有前途，再去找其他工作，到时候白白浪费三年时间不说，在这样的小公司里也很难积累到什么经验。我已经决定了，我要骑驴找马，继续找工作。"就这样，小丁开始利用节假日的时间参加招聘会，想要为自己找一份更好的工作。也许因为有了几个月的工作经验，他居然很快就找到了一份工作，于是他立即就找上司辞职，炒了老板的鱿鱼。他也邀请小马和他一起跳槽，小马却拒绝了："我觉得自己现在还没弄明白工作是怎么回事呢，也不太了解公司，还是认真工作一段时间再做长久打算。"就这样，同时进入公司的小丁和小马分道扬镳了。

三年后，一次偶然的机会，小丁居然又在招聘会上遇到了小马。有所不同的是，小丁这次依然是以求职者的身份参加，而小马则是作为公司的招聘负责人出现的。看着已经与昨日不可同日而语的小马，小丁感慨万千："哥们，还是你有远见卓识。我这三年来一直在不停地跳槽，原本以为能够找到更好的工作，却没想到陷入了跳槽的怪圈，总是不停地辞职找工作。到现在身无分文不说，连生存也成了问题。"小马笑了笑，

思维的变现

说:"其实,我只是比你慢热而已。我这三年来虽然一直在最初的岗位上工作,却利用工作闲暇时间考取了人力资源管理师证书。正好公司刚刚成立了人力资源部,就赶鸭子上架,把我提上来了。"

小丁思想过于活络,虽然做到了主动出击,炒了老板的鱿鱼,自己最终却也狼狈不已,没有获得任何好处。而小马呢,尽管一直在普通的岗位上工作,但是没有虚度这三年的时间,考取了人力资源管理师证书。因而才能抓住机会,在公司成立人力资源部的大好时机,一跃成为人力资源部门的主管。面对小马的深谋远虑,小丁不能不佩服。

职场上有很多人都面临窘境。既对自己现在的工作不满意,又不能保证自己未来找到的工作一定是合心意的。这种情况下,最稳妥的做法就是努力提升和完善自身,增强自己的能力,增加自己竞争的筹码和资本。这样才能在千载难逢的好机会到来时闪亮登场,把握时机,成就自己。细心的人会发现,大多数成功人士都是能够把握时机的人。他们也许能力并不突出,但是却能准确无误地抓住时机,从而起到事半功倍的效果。

第07章 机会思维：不期而至的机遇，有准备才能抓住

机会稍纵即逝，与其消极等待不如主动出击

运气再差的人，一生中也会遇到几次好机会。眼疾手快的人马上就会伸出手来抓住好机会，但是有些人却因为缺乏准备，最终不得不眼睁睁地看着机会从眼前溜走。这就是机遇的特性。越是千载难逢的好机会，就越是容易一闪而过，根本不会给人准备的时间。在这种情况下，只有有准备的人才能抓住这些转瞬即逝的好机会，从而彻底改变自己的命运和人生。除此之外，还有一些人并不会守株待兔，坐等机会的到来：他们不但做好准备迎接一切机会，还会主动出击，为自己创造机会。和这些积极主动的人相比，有些人则总是一味地等待，仿佛机会会像馅饼一样从天而降，砸中他们的脑袋。不得不说，这样的人很难抓住机会，人生也大概率会黯淡无光。

对于任何人而言，一个好机会的出现都只有一次，即使错过之后无比懊悔，也无法重新来过。这就像是电视台的直播节目一样，无论好坏，都会被摄像机忠实地记录下来，呈现在观

思维的变现

众面前。因而,每一个参加直播的演员都必须做足万全的准备,这样才能尽量把完美的自我展现给电视机前的观众。一直以来,很多人都把牛顿的成功归结于那个不偏不倚正好砸在牛顿头上的苹果,仿佛那个苹果上面就写着万有引力定律。明智的人会从牛顿发现万有引力的经过,看到牛顿的勤学好思,也看到牛顿此前多年对于万有引力问题的苦苦思索。如果没有之前的一切努力和付出,哪怕牛顿每天都被苹果砸中脑袋,也无法提出万有引力定律。这就是为什么生活中几乎每天都有人被苹果砸中脑袋,世界上却只有一个牛顿的原因。

很久以前,一个人在海边散步的时候偶然捡到了一块硕大的宝石。为此,很多渴望发财的年轻人都涌到海边,每天摩肩接踵地在海边寻找宝石,杰克也是他们之中的一员。日复一日,年复一年,但是没有一个人能在海边寻找到宝石,因而很多人穷困潦倒地离开了。但依然有些人闻讯赶来,毕竟一生之中只要捡到一颗硕大的宝石,就能衣食无忧,拥有享受不尽的荣华富贵了。杰克始终在海边坚持寻找,整整五年的时间过去了,他还是一无所获。

这时,与杰克同来的马丁已经发财了。不过马丁也和大家一样没有找到宝石,而是想到了另外一个发财的好主意。原

第07章 机会思维：不期而至的机遇，有准备才能抓住 ✓

来，马丁和杰克一样，寻找了好几年宝石却依然毫无所得，最终穷得身无分文。有一天，他和往常一样在海边寻找宝石，因为天气炎热，他又累又渴。他突然间想到：海边每天都有这么多人寻找宝石，肯定有很多人和我一样口渴难忍。假如我能把森林里甘甜的泉水运来卖给他们，也许是一门好生意！想到就做，马丁立即带着很多空矿泉水瓶出发了。他走到森林里的泉眼灌满水，再运回来卖给寻找宝石的人。果然，他的生意非常火爆，几乎每次运回来的水都会被一抢而空。就这样，马丁积少成多，渐渐有了积蓄，在泉眼旁开了一家矿泉水厂。不但在海边卖水，还把水运送到城市里的各大商场、超市售卖，获得了广大顾客的一致好评。如今，衣衫褴褛的杰克还在海边徒劳无功地寻找宝石，而马丁却已经成为了远近闻名的企业家，开创了属于自己的事业。

在这个事例中，肯定会有读者朋友说马丁拥有好运气。其实不然。马丁的好运气从何而来呢？就是在寻找宝石的过程中发现了大量的市场需求，从而萌生出卖水的好点子。接下来，他当机立断，想到就马上去做，果然积少成多，最终成功开办了矿泉水厂，把森林里的甘甜滋味带给了每一个人。虽然看起来马丁的确拥有好运气的帮助，但是不可否认的是，他之所以能够抓住这个

思维的变现

千载难逢的机会,是因为他时刻做好了成功的准备。

在人生之中,成功并不总是轰轰烈烈而来,大多数人的成功都是悄无声息地发生的。只有具备一双慧眼,我们才能辨识事情的真面目,准确无误地抓住成功的好机会。如果马丁没有敏锐的眼光,也许就不能发现这个商机,说不定现在还和杰克一样在海边埋头寻找宝石呢!在生活中,我们也不要一味地只盯着大事,很多情况下,人生的转折点恰恰隐藏在那些毫不起眼的小事之中。当你独具慧眼,你就能从普通而又平凡的人生之中脱颖而出,活出属于自己的精彩!

第07章　机会思维：不期而至的机遇，有准备才能抓住

告别羞涩，机会来临时大方迎接

生活中有很多人都特别害羞。即使他们面对机会，也满怀羞涩，不好意思直截了当地伸出手来。如果在平时，也许只是错失一次机会；但是如果在危急关头，错失的也许就不仅仅是机会，而是千载难逢的转机，甚至有可能是宝贵的生机……当今社会，各行各业都处于高速发展之中，人们也越来越放下羞涩，更加理智和理性。在这样的情况下，羞涩显然已经不合时宜了。如果你不能清晰地表述自己的需求并抓住机会，就有可能永远与自己想要的成功和幸福失之交臂。总而言之，我们应该不卑不亢，不急不躁，理性地对待机会的到来，也更好地把握自己的人生和命运。

自从进入公司之后，小任一直非常低调踏实。她对待工作严谨认真，与同事友好相处。这一切领导都看在眼中，也渐渐萌生出要培养提拔小任的心思。

✓ 思维的变现

恰巧公司最近要派一名单身的员工赴美国留学,因而领导特意当着办公室众多同事的面问小任:"小任,听说你在校期间就过了英语六级,口语也相当厉害啊!"小任满脸通红,赶紧谦虚道:"哪里哪里,口语很长时间都不练习了,早就丢到爪哇国去了。"这时,坐在小任旁边工位上的丽娜敏感地意识到领导可能是有其他用意的,因而接口说道:"领导,我的英语也特别好。我上大学的时候也是英语六级,最重要的是我小姑子现在就在美国,我们如今通电话都是用英语。我的口语相当流利呢!"听到丽娜这么说,领导只好调转方向说:"哦,我还以为小任是办公室里英语最好的呢,没想到真正的高手是你啊!既然如此,我们部门要派出一名员工去国外参加为期三个月的培训,看来你也能胜任。只不过你已经结婚成家还有孩子,能走得开吗?"这时,小任才领悟到领导的意思,但是为时晚矣。丽娜马上毫不犹豫地说:"当然走得开。我家儿子从生下来就一直是我婆婆带着的。虽然我是亲妈,但是在不在家都一样。绝对没问题,您就派我去吧,保证不辱使命。"说到这里,那些英语水平不够的同事们也都毫无意见。小任虽然懊悔不已,但是也只好硬着头皮说:"丽娜姐英语水平的确很高,她还经常看英语原声电影呢!"就这样,这个千载难逢也特别适合单身的小任的好机会,因小任的羞涩和腼腆拱手让人了。也许，等到未来再有这个机会时，小任已经不再是最佳的人选了。

从这个事例中不难看出，很多机会都是转瞬即逝的。我们必须眼明手快，抓住这些好时机，才能更好地提升自己，让自己迅速成长和成熟起来。这次的羞涩让小任错失了千载难逢的好机会，也许她懊恼不已，但于事无补。但愿她能够记住这次深刻的教训，在下次遇到类似情况时不再盲目地谦虚和退让。这样才能抓住转瞬即逝的好机会，为自己赢得发展的机遇。

实际上，生活中有很多人都会因为各种各样的原因，眼睁睁地看着很多机会从身边悄悄溜走。他们拥有的时候不以为然，还故作推辞，失去了才知道珍惜。现实社会越来越要求人们自信和理性，过于感性、过于羞涩的人是很难立足的。我们需要的是毛遂自荐，是不卑不亢，是客观公正，而不是盲目的自卑和谦虚。对于成功而言，抓住好的机会就像是迈出了成功的第一步，能够给我们未来的成功之路奠定坚实的基础。

要记住，对于任何人而言，机会都是平等的。成功者和失败者唯一的区别就在于是否能够准确把握和抓住机会，改变自己的人生和命运。还有些时候，机会是在伪装之后才出现的。例如在看似无法逾越的困难或者是人生的绝境之中，其实也隐

思维的变现

藏着机会。因此我们除了要做足准备等待机会的到来外,还要练就火眼金睛。这样才能准确地辨识机会,避免错过机会。所谓机不可失,失不再来。当你因为羞涩而错失机会,你一定会懊悔不已,也会因此给自己的人生带来莫大的损失。既然如此,你还有什么理由羞涩呢?现代社会欢迎的是一个落落大方的你,一个聪明睿智的你,一个目光如炬、动若脱兔的你。朋友们,赶快行动起来吧,机会就在你的身边!

第07章 机会思维：不期而至的机遇，有准备才能抓住

信息时代，信息就是变现的资本

在这个信息大爆炸的时代，各种信息铺天盖地而来。毫无疑问，只有充分掌握信息者才能把握每一次千载难逢的好机会。否则如果闭目塞听，是无法与机会结缘的。为什么信息尤其值得我们重视？一是因为信息代表着机会，二是因为信息正在以前所未有的速度传播着，一旦信息失去时效，也就意味着机会不再有效。在这种情况下，机会与信息的有效性是密切相关的。举个最简单的例子，假如你在第一时间得到信息说某个工厂急需大量钢材，那么你应该当机立断，联系钢材供应商，这样你就可以在最短的时间内把钢材送到那个工厂。工厂负责人怎能不喜出望外，甚至对你万分感激呢？反之，假如你虽然手里握有钢材，却消息闭塞，得到消息的时候那家工厂的钢材需求已经得到满足，那么这种情况下你就算拥有再多的钢材也是无用的。因而，信息和机会之间密切相关。

✓ 思维的变现

作为一名房地产商，李大庄显然已经把房地产事业做到了炉火纯青。尤其是他最近正在推进的养老地产项目，不但在客户中口碑极佳，而且其养老理念在国内都可以算是非常领先的。因此，李大庄一下子就火了。

其实，李大庄拥有这个好创意完全是出于偶然。几年前，他去妹妹家探亲，当听到从事二手房经纪业务的妹夫说起近来养老地产在国外非常火爆时，他不由得凝神细听。当时，养老地产在国内还处于发展的起步阶段，因而李大庄特意让妹夫为他普及相关知识，还让妹夫带着他去国外的养老地产项目进行考察。随着掌握的信息越来越多，他暗暗想道："今天，国内房地产行业已经结束了高速发展的时期，而社会已经进入老龄化，为什么我们不能顺应社会的发展，为更多的老年人提供优质的住所和医疗服务呢？对于大多数老年人而言，他们最担心的就是衣食住行和医疗问题！"想到这里，李大庄马上召集自己的团队来到国外进行考察，并很快拿出了切实可行的方案。果不其然，李大庄的养老地产项目在试运营阶段就爆满了，正式营业之后生意也一直红火。

很多人听到同样的话也许是左耳朵进，右耳朵出，根本不会留心，更不会用心琢磨。但是李大庄是个很有心的人。面对行业前沿的信息，他马上敏感地意识到其中蕴含的巨大商机，

第07章　机会思维：不期而至的机遇，有准备才能抓住

而且当机立断展开行动，把想法变为现实，使自己的事业发展更上一层楼。

其实，不仅人与人之间需要信息的交流，企业之间，甚至是国家之间都需要信息的交流。在这个信息时代，谁能够掌握最新信息并使其为己所用，谁就占据了先机，也把握了主动。无论是对于个人还是对于国家而言，信息的作用都至关重要。因而，我们不仅应该努力建立自己的人脉关系网，同时也要建立好属于自己的信息渠道。这样才能第一时间掌握有效信息，从而找准时机一鸣惊人。

当然，在信息大爆炸的现代社会，各种信息的质量也良莠不齐。我们必须练就火眼金睛的观察能力和敏锐的判断能力才能准确识别有用信息，摒弃无用信息。这样才能使信息更高效地为我们服务。这就像是新闻记者一样。每时每刻都在有新闻发生，哪些是值得报道的，哪些是无用的、繁杂的，需要记者们注意，只有准确剔除和筛选信息，才能让真正有价值的新闻呈现在大众面前。我们虽然不是记者，但也同样需要这样冷静理智和睿智敏感的头脑。

每个人都追求成功，实际上，成功并非我们想象的那般遥不可及。只要我们善于思考，拥有一双善于发现和挖掘机会的眼睛，我们就能及时搜集有用信息，帮助自己把握更多的机会，赢得更多的机遇，从而真正成为人生赢家！

◉ 思维的变现

只要用心，就能发现扭转命运的机会

机会并不总是以毫不掩饰的面目出现在人们面前，尤其是在危急时刻，机会往往被伪装成各种各样的面目出现。这就需要我们具有火眼金睛，准确辨识机会。除了敏锐的观察力外，我们还应该用心。凡事就怕用心，当我们用心了，我们才会更加敏感，也更能够在危急时刻发现潜在的转机，从而及时扭转命运，使人生柳暗花明又一村。

毋庸置疑，每个人在一生之中都会遭遇各种各样的困境。强者总是能够在困境中发现转机，看到希望，从而度过危机，求得更好的发展。弱者常常被看似无法逾越的困难吓倒，甚至知难而退，不战而降。究其原因，除了他们胆小怯懦、缺乏自信外，也是因为他们不能从危机中发现转机，从而变得越来越沮丧绝望，直至完全丧失斗志。

亨利的祖父去世后，留给了他一大片森林。这是热爱树木的

第07章　机会思维：不期而至的机遇，有准备才能抓住 ✓

祖父苦心经营几十年的心血，亨利很感激祖父。然而，亨利刚刚成为这片森林的主人没几天，就因为一场突如其来的山火失去了整片森林。看着原本郁郁葱葱、生机勃勃，如今却满目焦黑的森林，亨利万念俱灰。他一下陷入了困境。因为要想重新种植一片森林，远非现在一无所有的他力所能及的。一天又一天，亨利的神色越来越暗淡，他甚至把自己锁在房间里，不愿意面对现实。这时，年迈的祖母来到亨利身边对他说："孩子，其实失去整片森林并没有什么可怕的。我担心的是你日渐失去光泽的眼睛，里面已经没有了神采奕奕的光，更看不到任何希望。难道我们能让一场大火就毁掉我们所有的梦想吗？假如你这么轻易地被打败，那么你的人生就注定还有很多迈不过去的坎。我想如果你祖父在天堂看到你现在的样子，也不会觉得高兴的。"

在祖母的耐心安抚下，亨利再次鼓起了勇气，走出了家门。他一个人漫无目的地走着，来到了繁华的街头。突然，他看到很多人都在一家店铺门前排队。原来天气已经到了深秋，人们正在储备冬天烧壁炉的木炭。又因为疯传今年木炭的价格要上涨，所以大家都在抢购和囤货。这时，亨利脑中灵光一闪：那些被大火烧过的树木，不就是最优质的木炭吗！想到这里，他当机立断，马上回家带领工人用烧焦的树木制作优质木炭，并且将其装配成箱，还提供送货上门服务。不出所料，亨

✓ 思维的变现

利的木炭马上被抢购一空。他狠狠地赚了一笔，随后又用一部分资金去偏远的山区收购树木，烧制木炭，然后把大部分资金用于购买树苗。相信等到来年春天，这片森林又将生机勃勃，绿意盎然！

巨大的危机之中往往也隐含着巨大的转机。假如亨利一蹶不振，始终逃避现实，那么整片森林就会被彻底毁掉。幸好他在祖母的鼓励下再次拾起信心，充满希望，发现了焦黑的森林中蕴含着的转机，从而当机立断地抓住机遇，改变自己的命运，也赋予了森林新的生机。

如果一个人善于发现机会，又能巧妙地利用机会，那么他的人生一定不会平庸。对于眼中充满机会的人而言，这个世界上充满了希望。我们只有依靠自身的努力，才能从危机之中发现转机，帮助自己顺利度过难关，扭转局势。在现实生活中，也许我们并不富裕，也许我们身处困境，但只要我们始终用心，以敏锐的眼光发现转机，就能成功摆脱厄运的困扰，给予自己更加美好的未来。所谓山穷水尽疑无路，柳暗花明又一村，并不仅存在于古人的诗句中，也同样遍布在我们生活的细枝末节中。只要我们抓住机会，当机立断地展开行动，就一定能够绝处逢生，勇往直前，开拓人生的新局面。

第 08 章

变通思维：养成变通的思考习惯和灵活机动的行为模式

第08章　变通思维：养成变通的思考习惯和灵活机动的行为模式

不知变通，只会被时代洪流甩下

从古至今，成功者都是人中龙凤，大多数人都平凡地度过一生。其实每个人的客观条件都相差无几，人们的人生之所以相差迥异，是因为人们对待人生的态度及处理问题的方式和方法不同。就每个人都有的梦想而言，有些人把梦想束之高阁，再也不触碰；有些人一旦明确梦想之后，就能够始终牢记梦想，把梦想作为人生的引航灯。即使在实现梦想的过程中遭遇无数艰难坎坷，也从不动摇，更不会放弃。这样的人才有可能实现梦想，让自己的人生变得更加充实，精彩纷呈。

现代社会，职场竞争越来越激烈，生活压力也越来越大，每个人要想在社会上立足，赢得属于自己的一席之地，就必须更加努力并与时俱进。如果总是一味地坚持，不知变通，则终将会被时代的洪流甩下，最终贻误人生。尤其是在面对人生中或琐碎或重大的事情时，更要端正态度，调整思想，根据事情

思维的变现

的进展情况及时选择最佳策略。

很久以前，有位裁缝技术十分高超，很多上流社会的名人都来请他定做衣服。有一次，一位显赫的贵族为了参加儿子的婚礼特意送来非常珍贵的面料请裁缝为他缝制衣服。裁缝知道面料很贵重，一直小心翼翼，不敢有丝毫的浪费和损坏。然而，有一天裁缝在用煤炉取暖时，一不小心一小块木炭溅了出来，把贵族的已经做好的衣服烧出了一个小小的洞。看着这件残损的衣服，裁缝担心极了。因为贵族明日就要来取衣服了，如此短的时间根本不可能买到如此珍贵的面料重新做一件，裁缝为此愁得唉声叹气。

傍晚时分，裁缝的妻子来给裁缝送晚饭，看到裁缝茶饭不思的样子，不由得问道："你怎么了？遇到什么难题了吗？"裁缝苦笑着指了指为贵族做的衣服，说："你看，这可怎么交差呢！"妻子眼尖，一下子就看到了那个洞，想了想说："你先吃饭吧。这个问题交给我。"裁缝狐疑地看着妻子，不知道她能想出什么好主意。只见妻子翻箱倒柜，找出家里仅有的一卷金线，用一个晚上的时间，居然把那个烧出来的洞织成了一个金光闪闪的小太阳。看着妻子灵巧的双手，裁缝欣喜若狂地说："你可真是心灵手巧啊！这下也许

第08章 变通思维：养成变通的思考习惯和灵活机动的行为模式 ✓

贵族就不会怪罪了。"果不其然，贵族次日来取衣服时，看到这个手工刺绣的太阳非常高兴，并且因此多给了裁缝一些酬劳。

原本棘手的难题，因为裁缝妻子的心灵手巧，成了这件衣服最大的亮点。如此一来，裁缝非但没有遭到责难，反而因此得到贵族的认可和赏识，获得了更多的报酬。其实，这件事情的成功解决就是源自思维的变通。

面对生活中很多棘手的难题，假如我们也能学会变通的方法，能够采取发散性的思维从多个角度进行积极思考，然后彻底解决问题，那么我们也会因为变通而改变自己的人生，使人生的道路更加开阔。人生就像是战场，随时都有可能发生意外的情况。倘若不知变通，那么情急之下根本无法应对，我们只有养成变通的思考习惯和灵活机动的行为模式，才能最大限度发挥自身的能力，成就辉煌人生。

很多人都看过水。水是无形的，和风一样无孔不入，哪怕是再狭小的空间、再奇怪的形状，水也能充盈其间；还能够渗透很多物体的表面，进入它们的内部。有人说水是软弱的。实际上，水虽然无形，却很有韧性。它的无孔不入，它的无声无形，都是它力量的表现。我们的人生也应该像水，或者说，我

✓ 思维的变现

们在面对人生的时候也应该怀着像水一样的心态。只有柔软和无形，才能让我们坦然面对人生的各种状况，及时变通，改变自己，让自己适应各种情境。倘若一个人能够做到这一点，还怕无法适应生活吗？朋友们，让我们牢记变通的生存之道，做一个柔韧又有弹性、能够从容适应生活的人吧！

第08章 变通思维：养成变通的思考习惯和灵活机动的行为模式

逆向思维，由结果倒推原因

很多人都有思维定式，不管是待人处事还是解决问题，都因循守旧地按照既有的思路进行思考。总是无法推陈出新，也很难独辟蹊径。其实，如果我们运用逆向思维的方式进行思考，那么我们就能够曲径通幽，不用再沿袭旧有的方式，更不再受到陈腐思想的禁锢。

所谓逆向思维，顾名思义就是采取逆向的方式进行思考。举例而言，有很多人思考问题都是由因及果按顺序思考。当我们在进入思维的死胡同之后，不如改变方式方法，由结果推导原因，或许反而能够知道自己此时此刻应该如何决定和选择。当我们能够熟练地运用这种思维方式时，就会发现很多问题都能迎刃而解，甚至困扰我们的难题也会不攻自破。

很久以前，哈桑借给一位商人两千元，并且拿到了商人亲

思维的变现

手书写的借据。眼看还钱的期限就要到了,哈桑却突然发现不知道什么时候将借据弄丢了,翻箱倒柜也没找到。哈桑很着急,他很清楚那个商人的为人品性,如果自己拿不出借据,商人是不可能按期还钱的。思来想去,哈桑也没有想出好办法。在一位朋友来访时,他把这个难题告诉了朋友。朋友想了想说:"这个问题好办,再让他给你写一份字据就好了。"哈桑苦笑着说:"要是他能再给我写一份字据,我当然不会发愁了。问题是他一旦知道我将字据弄丢了,一定会赖账的,又怎么会给我再写一份字据呢!"朋友笑着说:"你现在就给他写封信,让他提前把借你的两千五百元还给你。"哈桑更加难以置信地看着朋友:"他能把借我的两千元还来就不错了,怎么可能还给我两千五呢!"朋友高深莫测地笑着说:"你只管这么写,其他的就不要管了。"

哈桑按照朋友说的给商人写了一封信,提醒商人提前归还两千五百元。商人很快就回信了,信中写道:"我向你借了两千元,而不是两千五。等到期的时候,我会按时还给你两千元的。"就这样,哈桑如愿以偿地得到了商人的"借据",也不用担心商人赖账了。

想要从商人那里重新得到借据,又不能直截了当地告诉商

第08章 变通思维：养成变通的思考习惯和灵活机动的行为模式

人他的借据丢了，这个问题确实很棘手。而朋友逆向思考，为哈桑想出了这样一个好办法，最终成功解决了哈桑的难题。现实生活中，像这样运用逆向思维的方法解决问题的例子并不少见。只要我们能够巧妙地运用逆向思维，就一定能够恰到好处地解决问题。

尤其是对于很多特殊问题而言，与其根据条件推导结果，不如根据想要达成的结果逆向而为，推导出现在应该怎么做。这样反而能够事半功倍，使问题简单明了。司马光砸缸救人的故事就是典型的逆向思维。通常情况下，人们解救溺水之人时总是想办法使其脱离水域，司马光却急中生智，砸碎了缸，放掉了水，也救了小朋友宝贵的生命，可谓聪明机智。只要是有心人，在生活中一定能够找到很多逆向思维的好方式。这可以给自己的生活和工作带来更大的便利，提高处理事情的效率，一举数得。

现代社会人才辈出，职场上竞争激烈，每个人都想脱颖而出，得到领导的赏识和重用。在工作中，如果身边的很多同事都习惯于运用传统思维，而我们却能够运用逆向思维解决问题，那么一定可以鹤立鸡群，如愿以偿地得到领导的赏识，职业生涯的发展自然也更加顺畅通达。总而言之，每个人的人生之中都会遇到各种各样的难题，也会遭遇形形色色的困境，我

✓ **思维的变现**

们只有学会运用逆向思维,采取反其道而行的方式,才能拓宽人生的道路;反其道而行的方式,也使我们能够独辟蹊径,事半功倍地解决问题。

第08章　变通思维：养成变通的思考习惯和灵活机动的行为模式

他人的成功经验并非放之四海而皆准

在人生的道路上，每个人都梦想着能够获得成功，因而很多人总是学习成功者的经验，更有甚者会把成功者的模式照搬过来套用到自己身上。但是，每个人都是一个独特的个体。这决定了每个人的人生都是不可复制的。我们可以学习成功者的经验，却不能全盘照搬成功者的经验，否则就会因为情况不相符导致无法收到预期的效果。此外，万事万物都处于变化之中，我们处理事情和解决问题时，必须根据现实情况作出定夺，而不能仅凭他人成功的经验就盲目冒进，否则带来的只会是损失和挫折，而不是成功的再现。

毋庸置疑，他人成功的经验一定是值得我们借鉴的。正如齐白石所说，学我者生，似我者死。这句话的意思是：学生们可以学习老师，但又不能一味地模仿和复制，否则就会毫无生命力可言。向成功者学习也是如此，要学习其神，而不能仅学习其形，否则就无法学得成功的精髓，反而使自身的学习陷入

◎ 思维的变现

被动和消极之中。记住，他人成功的经验并非包治百病的灵丹妙药，因而不是放之四海而皆准的。明智的人在学习的过程中一定会进行取舍，取其精华、去其糟粕。这样才能让学习事半功倍，使自己成功的道路更加通达。

在第二次世界大战期间，美国吉列公司推出了一款全新产品，理念是"无须磨刀的刀片"。这迅速颠覆了人们刮胡须的传统模式，让大家对这样方便使用的刀片爱不释手，也使得吉列公司的刀片迅速占领市场。第二次世界大战之后，吉列公司再接再厉，对刀片进行改进，避免了人们在安装和替换刀片时手指有可能被割伤的风险。果然，这种刀片一经问世就引起了强烈反响，在良好的销售情况下，吉列公司的发展势头更加强劲。然而，恰恰是如此乐观的局面，导致吉列公司自以为能够继续垄断刀片市场。他们变得麻痹大意，在1961年之后销量急剧下滑，市场占有率也迅速下降。

原来，1961年，英国的剃须刀市场出现了一种"超级刀片"。这种刀片是由不锈钢制造而成的，不但锋利，而且遇水不会生锈，因而使用寿命大大延长，同时也为消费者节省了很多资金。可想而知，当这种刀片进入美国之后会产生怎样的影响。美国市场就像被投入了一枚炸弹一样，吉列公司垄断的刀

第08章　变通思维：养成变通的思考习惯和灵活机动的行为模式

片市场被炸出了一个大缺口，不锈钢刀片迅速涌入并且占领了一部分市场。当时，那些在与吉列公司竞争过程中处于下风的刀片公司纷纷代理销售这种不锈钢刀片。而吉列公司此时却因循守旧，顾虑重重，并没有及时生产不锈钢刀片，而是被动地等待厄运的降临。最终，吉列公司的市场占有率急剧下降，不得不进军不锈钢刀片市场。但因为此前不断犹豫错失良机，市场份额无法恢复到之前的水平。

不得不说，吉列公司的高层管理者对于市场的反应不够灵敏。这也直接导致了他们在面对市场的剧烈变化时无法做出应对，更无法及时决策，最终导致销量下降，份额下滑，以致失去宝贵的发展机会。任何成功的经验都无法照搬。无论是对于个人而言，还是对于企业而言，在沿袭成功经验的同时，一定要及时顺应时代发展的形势做出改变。这样才能恰到好处地解决问题，与时俱进，把经验真正转化为自己的资历。

面对任何棘手的问题，要想真正解决，必须从现实出发。一切脱离现实的方案，哪怕听起来多么完美无瑕，也是站不住脚的。特别是需要审时度势，如此才能不拘泥于常规模式或者是他人成功的经验。所谓变通，只有"变"才能"通"。

✅ **思维的变现**

适当吃亏，才能谋求长远的发展

古人云，吃亏是福。生活中，有很多人都听过这句话，却并不能完全做到。尽管吃亏能给我们带来福气，但是没一个人想吃亏，大家都想占点儿小便宜。然而，虽然占便宜让人觉得庆幸，但是很多便宜的背后其实隐藏着巨大的阴谋。有很多人之所以上当受骗，就是因为这种想占便宜的心理在起作用。很多骗术之所以能得逞，就是因为抓住了人们爱贪便宜的心理。

细心的人会发现那些拥有好运的人，大多数都心胸开阔，从不斤斤计较。他们深知命运是公平的。只有放下心里的负担，不看重功名利禄，不在乎大小得失，才能享受生活的幸福安宁。

在这个喧嚣的人世间，真正能够明白吃亏是福这个道理的人，才能安享内心的宁静淡然。很多人都喜欢将吃亏是福挂在嘴边，实际上他们并不知道吃亏是福的含义和真谛。吃亏的人看似很傻，却是真正的大智若愚。吃亏不仅是宽容豁达

第08章　变通思维：养成变通的思考习惯和灵活机动的行为模式

的睿智，更是人生至高无上的境界。能吃亏的人，往往心平气和，心情愉悦。相反，有些人一旦吃了小亏就要睚眦必报，还会因此与他人结下冤仇，最终导致小事变成大事，大事变得无法收场。

大多数甘于吃亏的人无疑都拥有开阔的心胸。他们既不计较利益，也不会为了一些小事与人发生争执。因为自身情绪稳定，心态平和，所以人缘也很好。尤其是在现代职场，要想获得更加远大的前途，就要与他人之间保持良好的人际关系，如此才能让职业生涯一帆风顺。由此可见，吃亏是福不但是做人的原则，也是做事的纲要，更是行走职场的金科玉律。

亨利食品加工公司的总经理亨利·霍金斯先生偶然间发现他们的产品中含有对身体有害的添加剂。良心告诉他应该把这件事情公之于众，但是理智又告诉他如果这么做一定会影响公司的销量，甚至会致使公司的发展受到严重的负面影响。思来想去，霍金斯先生最终还是决定把这一发现告诉所有公众。一时之间，公众为了身体健康都不再购买亨利公司的产品，并且对食品加工行业的所有产品都产生了怀疑。在这种情况下，整个行业都因为霍金斯先生的坦诚受到了影响。行业寒冬到来。很多同行都对霍金斯先生心怀不满。

✓ 思维的变现

原本经营和运转情况良好的亨利公司遭到了致命打击，他们濒临破产，眼看无法继续维持下去。不过霍金斯先生的名字却因此变得家喻户晓，大家知道了霍金斯先生是一个有良知也不怕吃亏的人。因此，人们对于霍金斯先生的评价很高，也都愿意相信他。当亨利公司的产品经过改良重新上市时，依旧得到了人们的认可，再次成为人们争相购买的抢手货。就这样，亨利公司很快就恢复了正常运转。不但元气大增，还扩大了生产规模。

在这个案例中，霍金斯先生作为亨利食品加工公司的总经理，明知道有害的添加剂在长期食用的情况下才会对身体造成伤害，但他还是义无反顾地承担起责任，向广大顾客朋友们阐明情况。不得不说，这样的坦诚与承担责任的勇气，值得每个人钦佩。也因为触动了某些人的利益，霍金斯先生遭到了行业内很多公司的抵制，由此导致亨利公司的经营和运转陷入更为严重的困境。幸好亨利公司顺利度过了艰难的时刻，恢复了正常运转，获得了良好发展。从表面看来，霍金斯先生为此吃了很多亏，导致公司和个人都陷入困境。但实际上，他却因此赢得了消费者的信任，获得了长远的发展。这真可谓吃亏是福。

现代社会竞争异常激烈，很多人都为了利益不择手段。尤

第08章　变通思维：养成变通的思考习惯和灵活机动的行为模式

其是在职场上，好的职位总是让每个人趋之若鹜，因而大家为了升职加薪都绞尽了脑汁。但是，无论利益的诱惑多么大，我们都应该始终牢记：只有坚持做人的原则和底线，适当吃亏，才能谋求长远的发展。

◇ 思维的变现

发现和提出问题,是解决问题的前提

在这个全民创新的时代,社会发展日新月异,作为个人,我们应该顺应时代潮流,让自己不断地打破思维的界限,推陈出新,如此才能拥有远大的前程。可以说,创新是一个民族、一个国家进步的动力。倘若没有创新提供源源不断的动力,国家和民族就会停滞不前,最终失去竞争力。当然,创新相比于按部就班和因循守旧,对我们提出了更高的要求。要想创新,我们必须拥有一双善于发现问题的眼睛。也许有人会说解决问题才是最重要的。这样说当然也没有错,但是发现和提出问题却是解决问题的前提和基础。试想,假如一个人连问题在哪里都看不出来,又如何能够解决问题呢?

现代社会的人们越来越认识到创新的重要作用。因此,在家庭教育和学校教育中,很多父母与老师都有意识地培养孩子的创新能力。当然,就像前文提到的,要想从小培养孩子的创新能力,提高他们解决问题的能力,首先要让他们拥有一双敏

第08章　变通思维：养成变通的思考习惯和灵活机动的行为模式

锐的眼睛，能够及时地发现问题所在，从而提出问题，解决问题。不得不说，好奇心作为人的一种本能和天性，是创造的基本动力，更是想象力和创造力的核心。遗憾的是，很多孩子的好奇心都被扼杀在摇篮之中。他们纯真明亮的眼睛也在不断成长的过程中蒙上了尘埃，无法看清楚问题的本质。所以，作为父母，要想让孩子拥有更强大的创造力，一定要注意保护孩子的好奇心。正是好奇心驱使孩子发现问题。

很多成人都拥有一颗赤子之心。所谓赤子之心，就是指像孩童一样的天真本性，比如好奇心，比如善良。这些都是赤子之心的具体表现。其实很多天才之所以能够成为天才，并非完全因为天赋异禀，而是因为他们对世界和人生充满了好奇心，所以始终都能发挥出自身的创造力，帮助自身不断成长和提高。

在生活和学习中，我们从小就被教育如何解决问题，也形成了模式化思维，在力所能及的情况下总是能够迅速找到解决问题的办法。殊不知，这样单纯地解决问题是很被动的。真正能力强大的人是能够发现和提出问题的人，他们才是问题的主宰。从某种意义上说，知道如何提出问题，也就距离解决问题不远了。但是如果只会解决问题而不知道如何提出问题，则会局限自身的发展，使自己陷入被动的困境。大名鼎鼎的科学哲学家波普尔始终认为，问题就是科学的逻辑起点。如果没有问

✓ 思维的变现

题的发现和提出，也就无所谓科学的存在和发展。所以从历史的角度来说，人类进步的过程，就是不断地发现和提出问题，最终分析和解决问题的过程。大科学家爱因斯坦也曾说过，和解决问题相比，提出问题更加重要。因为解决问题只是技巧范畴内的能力，而提出问题则需要发挥创造性和想象力，从而能够推动科学不断进步。由此可见，提出问题是解决问题的第一步，也是至关重要的一步。

著名地质学家李四光从小就喜欢玩捉迷藏，经常与小伙伴们一起玩乐。每次玩捉迷藏，他都喜欢藏在一块大石头后面。这块石头硕大无比，能够把他的身体遮挡得严严实实。小伙伴们即使围着石头转来转去，也找不到他。时间一长，李四光不由得扪心自问：这块石头是从哪里来的呢？他左思右想也想不明白，然后跑去问老师，老师思忖良久，说："这块石头历史悠久，我小的时候就看到过它了，也许已经有几百年了吧！"李四光打破砂锅问到底，说："那么，是什么人把它放在那里的呢？"老师想了想，说："也许是从天而降的陨石吧。就是天上掉下来的。"

这个回答并没有消除李四光的疑问，李四光继续问道："但是这个石头这么大，这么重，从高高的天上掉下来，地上为什么没有巨大的坑呢?"老师被问住了,说:"这个我也不知道。"李四光感到更加困惑了,因而又去问爸爸,但是爸爸也不知道。直到他长大成人之后去英国留学,专门攻读地质学,才知道了这块大石头可能的来历。从英国学成归来后,李四光回到家乡,通过考察和研究,最终推断出这块石头是被冰川从遥远的秦岭带来的。此外,他还发现了第四冰川曾在长江流域活动的迹象。这个发现让整个世界都为之震惊。

小时候的一个疑问,就这样把李四光带到了地质的王国,让他在地质王国有所发现,有所建树,最终获得巨大的成就。这就是提出问题的魔力。它能够拓宽我们的思路,让我们的内心世界更加开放,也使我们的人生更加开阔。

朋友们,从现在开始就努力提升自己的眼界吧!这样才能够打开思路,从而帮助自己不断发现问题,提出问题,引领自己在人生的道路上不断开拓进取,成就人生新的辉煌。

第09章

财富思维：奇思妙想，帮你打开变现之门

第09章　财富思维：奇思妙想，帮你打开变现之门

要创造条件，坐享其成的人永远等不来成功

我们做事情要扎实思考、主动投入。如果不主动，天上不会掉馅饼，天下也没有白吃的午餐。机会的出现还是要靠我们自己去争取。当我们没有机遇的时候，就要懂得在这个时候创造机遇。有条件要上，没有条件创造条件也要上。

古时候有一个村庄，村子里的人以制作壁毯为生。他们制作的壁毯工艺精美、图案丰富多样，经常有外地的客商慕名前来收购。

村子里有个制作壁毯的老师傅名叫米山。他做出来的壁毯是公认的最好的壁毯。但老师傅已经快80岁了，手脚都不灵便，就停止了工作，在门口喝喝茶、晒晒太阳，日子过得十分悠闲。村子里其他的人都暗暗较劲儿，想争现今壁毯第一人的名头。阿毛制作壁毯的手艺也不差，但是他太年轻，一直也不被人重视。一天，他特地拿着自己亲手制作的壁毯来请米山师

思维的变现

傅点评。米山师傅一向愿意提携后辈,就点点头说:"不错,不错!"

在第二天的集市上,阿毛在自己的摊位边立起一块大大的牌子,上面写着:"米山师傅大力称赞的壁毯。欢迎选购!"这一天,他的生意自然大为红火,很多客商都被吸引过去。这下引起了村里人的不满,他们纷纷找米山师傅投诉,认为他这样帮阿毛对大伙儿不公平。过了几天,当阿毛拿着自己制作的另一批壁毯请米山师傅看时,米山师傅不便答复,便微笑着没有说话。不料在集市上,阿毛又立起一块牌子,上面写着:"米山师傅都无法评价的壁毯,欢迎选购!"这一次,阿毛又大获全胜。

人们把这件事告诉了米山师傅。有人抱怨道:"阿毛太能钻空子了,他一直打着您的招牌推销他的壁毯。"米山师傅却笑道:"阿毛的壁毯如果质量不过关,这种办法再用下去也没什么效果,我又何必去阻止他。如果他的壁毯真的不错,能用这样的办法打开销路也很好啊,能想出这样的办法说明他头脑灵活。"

头脑灵活的阿毛将生意做得越来越好,再也不用打米山师傅的招牌了。因为"阿毛壁毯"本身就成了一块金字招牌。

坐享其成的人永远等不来成功。机会是运作出来的，成功是创造出来的。试问一个连机会都不会运作的人，何来成功可言？机会往往藏在"不可能"的后面，只要你有头脑、够机警，它就存在。可你要是看不见它，它就是虚幻的、不存在的。我们一定要看准时机，看准机遇，然后经过我们自己的努力运作，充分利用机会，铺就自己的成功之路。

有些人总把没有机会当作自己未能成功的借口，而成功者则不管在什么样的环境下都能找到让自己成功的机遇。机遇不是别人给的，而是靠我们用头脑去思考得来的。所有失败的人都会把失败的原因归咎于外因，从不从自己的身上找原因。时间一久，就会习惯于平平凡凡地度过余生。运作机会，那更是想都不会想的事情。事实上，在财富的问题上，从来就没有轮流坐庄这回事。所谓"风水轮流转""一碗水端平"之类的说辞，不过是人们的希望而已。从来不会有人觉得赚钱赚厌了，要把机会让给别人。机会取决于发现机会的眼光。在一个精明人的眼里，生意永远做不完，机遇随时可以遇到。

> 思维的变现

解开头脑中的束缚，让新点子快速运转起来

《孙子兵法》云："凡战者，以正合，以奇胜。"我们做事情的时候也需要借鉴这种出奇制胜的招数，多运用发散思维、逆向思维、跳跃思维等思维方式，抛开心中的成见，调动所有认知资源让大脑快速运转，才有可能产生好的想法。精明的商家在情人节卖玫瑰花的几种创意，可以给我们一些启示。

1.卖稀缺

有一种产自荷兰的玫瑰花叫作"蓝色妖姬"。它的价格比普通的玫瑰花高出数倍。因为市面上通常见到的玫瑰花都是红、白、黄、粉等几种颜色，纯蓝色的玫瑰花非常罕见。物以稀为贵，价格自然就上来了。另外，"蓝色妖姬"这个名字，本身就含有神秘、浪漫的意味，可以激起人们的购买欲望。

2.卖服务

玫瑰花是情人节的专属礼品，无论是对于热恋中的情侣还是对于热情的追求者来说，玫瑰花都是表达爱意的一种介质。

消费者在送给爱人玫瑰花的时候，总想体现一种特别的意义。精明的商家自然不会忽略这一点。他们将数量不等的玫瑰花打造成各种造型，而每种造型又都被赋予了不同的寓意。另外更有其他贴心服务，如即时配送、代写卡片等。对于那些终日忙碌而又一心想给爱侣一份节日惊喜的都市白领来说，这一招对他们非常适用。

3.卖优惠

很多信誉好的花店会顺势推出情人节玫瑰花预订服务。花店标出花朵或花束的价格，接受情人节预订。对于送花的人来说，预定玫瑰花可以规避当天玫瑰花价格飞涨或者是缺货的风险，他们自然大为欢迎。

在现代社会中，人们有更充裕的金钱追求物质和精神享受。正是因为如此，需要更多勇于创新的人来创造更多更加新奇的东西满足人们的需求。例如，怎样使沙发坐起来更舒服？怎样使衣服穿起来更舒适更好看？怎样使吃的东西更加方便，更加美味可口？等待创新和改进的东西太多，我们只有把握机会才能创造财富，取得成功。有位企业家总结自己的成功经验时说："我庆幸自己与别人相比有独创性的构想。只有做别人看不到和不能做的事，才能成功。"

当某个人在新开辟的道路上走向成功，人们便认为这是一

思维的变现

条成功之路。于是很多人都挤向这条路。由于人多，这条路便堵塞了。这时候，聪明人总是能够再找一条路。由于这条路是新开辟的，多数人还不认识这条路，所以畅通无阻，于是聪明人又先一步到达成功的终点。等多数人如法炮制，循着聪明人的老路到达期望的终点时，成功的果实已被摘走。

某市的房地产行业中，有两家企业规模不相上下，市场定位也差不多。它们既是合作伙伴，相互之间也存在竞争关系。年初的时候，两家公司都想在东南方的郊区投资房地产，并各自派人前去考察。在公司的论证会上，第一家企业得出的结论是："那里人口稀少，且距离市中心太远，交通不方便，不属于'热地'。房子建好了销售并不看好，会影响公司资金周转，应该放弃这个项目。"而另一家企业在详细考察之后得出的结论是："该地虽然人口稀少，但那里环境幽雅。如果人们厌倦了城市的喧嚣，一定会喜欢在那里生活。可以考虑在这里开发特色房地产项目。"结果证明还是第二家企业眼光精准。随着城市化的推进，城里人越来越向往农村生活，尤其是一些农家乐，办得更是如火如荼。第二家企业的特色房地产项目自是获得了成功。

第09章　财富思维：奇思妙想，帮你打开变现之门

真正有所成就的人必须学会思考，而不要因循守旧。如今，市场如战场般硝烟滚滚，谁有眼光，谁能够看到趋势，谁就能抢得先机。在充满不确定因素的环境中，看清事物的发展方向，走出属于自己的道路，离不开高瞻远瞩的洞察力和创新思想，有了这种能力，才有可能比别人快"半拍"。

要想成功，必须另辟蹊径，不能随波逐流，要摆脱随大流的习惯。要做到这一点，其实并不难。有志于创立一番事业的人，完全可以在日常生活中开始有意识地培养和训练自己的创新思维。如果有了一个想法，无论是什么样的想法，你都应当表达出来。如果是独自一人，你就对自己叙述一番；如果你身处群体之中，不妨告诉其他人，共同进行探讨。时间久了，你的头脑会更加灵活，眼光会更加敏锐，在人群中脱颖而出是必然的结果。

◯ 思维的变现

只要有头脑和眼光，哪里都有金子

在很多情况下，机会并不是一个悬在半空的金苹果。不是人人都能看得到，也不是只要跳得高就能摸到它。机会其实往往藏在"不可能"的后面，你有慧眼，它就在，你思维僵化，它就是一片空白。每一个为自己的成功打拼的人，可以说"我的实力还不够"，也可以说"我的经营技术还不完善"，这都是客观存在的因素，任何人都回避不了；但是你永远不能说"我没有机会"，这是主观认知的问题。这样的人心里根本就没有开拓的意识。因为只要有头脑、有眼光，谁都会有机会。

在一次思维拓展培训课上，老师给他的学生们出了一道难题：一件价值50元的白色T恤，如何让它最大限度地增值？

同学们都低头思考。一位学生站起来回答："给它加一个精美的包装，提升观感，价格就能提上来。"

老师轻轻地拍了下手，表示这种思路没有问题。其他同学们也开始活跃起来，一位学生说："给T恤印上流行语或者是一些有趣味的句子，做成文化衫，就有了自身的特色，一定能卖一个好价钱。"

大家七嘴八舌地出主意，只是这些主意还是围绕着T恤本身想出来的，大幅度提价还是有些困难。这时，一位一直没有发言的同学说："如果恰好有名人喜欢这种T恤就好了，我们可以用这个点做宣传。只要文案写得巧妙，一定会使T恤大幅升值。"

老师赞扬了这位同学并提出疑问："假如这件T恤和名人明星都联系不上怎么办？还有别的法子将它卖出个大价钱吗？"

于是，又有一位同学站出来说："可以制造与这件T恤相联系的轰动效应。例如请名人为它签名，或让它跟着宇航员周游太空，等等。"

运用发散性思维，一件普通的T恤也可以有巨大的升值空间。我们经营自己的人生也是同样的道理。虽然我们都是平凡的人，但是每个人的身上总会有些与众不同的特点。你可能想象力丰富，也可能思维缜密；可能意志坚定、耐得住寂寞，也可能亲和力强、人缘超好。如果对这些特点等闲视之，它们也只是一种普通的性格特点而已；如果用心去发掘，说不定就可

✓ **思维的变现**

以围绕着它们创造出巨大的效益。

米勒太太是一家公司的清洁工。她是一个四十多岁、身材微胖的普通女人，但她有一个特点，那就是具有超强的亲和力。她喜欢聊天，在公司里上至总经理下至刚刚招来的前台，米勒太太见了他们都能聊上几句。

作为一名清洁工，米勒太太的收入并不高，但现在她的副业收入已经高过她的正式工资好几倍。米勒太太利用自己亲和力强的特点，打听公司里谁需要找钟点工、谁需要租房子，然后当起了中介，收取中介费。另外，米勒太太还把自己家的一套小公寓租给了公司里从日本来的工程师。星期天的时候，米勒太太会去那里做些简单的清洁工作，顺便教工程师学习英语口语。这些都是按小时收费的。米勒太太借清洁工这个工作延伸出的另一项业务就是卖保险。她深知公司每一位员工的需求，因而总会有合适的险种推荐给他们。公司的一个同事就跟她买了好几万元的保险。米勒太太虽然是一名普通的清洁工，但是她整合资源的能力一流。她能够非常敏锐地发现生意的来源，寻找适当的客户，选择合理的沟通方法并且适时地转变经营项目。

第09章　财富思维：奇思妙想，帮你打开变现之门

我们的头脑里往往有一个误区：以为在现代社会成名获利都要以足够的物质基础为后盾。事实上，"思路决定财富"并不是一句空话。只要头脑灵活、感觉敏锐，就可以影响财富的流向。当我们进入了知识经济时代的时候，人们致富，靠的就是他们的头脑。

很多人做事倾向于用他们的手、用他们的脚、用他们学过的专业技术，唯独不用他们的大脑。不善于思考，就不能做出改变，也就踏不上成功的台阶。

思维是一切竞争的核心，因为它不仅会催生出创意，指导实施，还会在根本上决定成功与否。它意味着改变外界事物的原动力。如果你希望改变自己的状况，获得进步，那么首先要从改变思维开始。

认识到创新思考的巨大能量之后，我们有必要立即行动起来，寻求能为自己带来成功的契机。这并不是障碍重重、难以下手的事。据心理学家验证，如果一个人对某件事念念不忘，那么他无论看到什么、听到什么，都会与自己的所思所想联系起来。然后他会很快摸清事情的来龙去脉，找到解决问题的突破口。同样，假如你决心做一番赚钱的事业，自己的一切生活积累都在为赚钱做准备，把自己日常接触到的信息和当前的事业挂钩，那么成功最终将确凿无疑地属于你。

◉ 思维的变现

敢于冒险，看准了就去做

那些赤手空拳打天下，并最终确立了地位的人，大都是一些敢作敢为的冒险者。胆量是成功的必备条件之一，但在创立事业的过程中，仅仅胆子大还远远不够。和"胆量"相匹配的是"见识"。也就是说，要建功立业，不仅在于"要去做"，更重要的是"看得准"。这就包括要看准潮流形势、看准事物的发展方向。真正具备成功素质的人，从来都相信命运能靠自己掌握。他们敢冒风险，但他们同时也在时刻研究着未来可能出现的后果。他们会做他们所能做的一切，以提高获取回报的可能性。他们认真准备、详细制订计划，以获取成功。

詹姆斯年轻的时候尝试过很多行业。他一直在寻找能让自己腾飞的机会。终于有一天，他以相对便宜的价格购得了一个矿区。这是一个富矿，每天可以产出数千桶的原油。于是詹姆斯很快进入富人的行列。

第09章　财富思维：奇思妙想，帮你打开变现之门 ✓

詹姆斯的运气让人嫉妒。周围的人都说："这是个幸运的家伙！"确实，詹姆斯是幸运儿，但他的运气却不是凭空掉下来的。实际上，石油的钻探成功率很低。每钻1000口井，其中有石油的大约只有200口，而钻出的石油能够卖出获利的只有5口，整体算下来只有0.5%的概率。大多数的钻油者都抱着一种投机的心态，期待着那张金光灿烂的大馅饼恰巧砸在自己身上。而詹姆斯不但创业有灵感，也在努力学习地质知识，更认真地听取了专家的意见，尽量从各方面收集资料选定矿区。从这个角度看，詹姆斯的致富是有道理的。

财富是绝对不会对懦弱者微笑的，同样，对于有勇无谋的莽汉，财富也不会有兴趣。幸运从来都掌握在自己手里。知难而进，把劣势经营成优势，以优势带动另一种优势的运筹思想，就是一幅现代商业社会的寻宝图。那些有做大生意潜力的人，头脑里必须随时明晰对四个重要问题的回答：我现在的位置在何处？我下一步的发展规划是什么？我将如何做到这一点？我何时做到这一点？有了明确的商业计划，才可以在经营的过程中避免被客观环境、外部影响牵着鼻子走。

赚钱是大胆决策和用心经营的必然结果，绝非误打误撞的"大运"。大胆果断的"冒险"背后，是深谋远虑的筹划

✓ 思维的变现

与安排。

当年金庸创办《明报》时,许多人都为他担忧,甚至有些人等着看他笑话。其实在金庸先生自己看来,这么做背后也是有谋略支撑的。写小说的稿费可以作为办报的启动资金,此前他为别的报纸写的国际政治述评和武侠小说连载很受欢迎,为刺激报纸销量,尽可以转在《明报》上发表。另外,针对香港市民的爱好,《明报》专门开辟了娱乐版面,可以吸引一大批读者。有了这样细致的前期准备,放心大胆地选择自己的理想目标当然是没有问题的。人生需要谋划,事业需要谋划,生活中的方方面面都需要谋划。可以说,不会谋划的人就不会有成功的人生。只有采用独树一帜的策略,才能创立独掌乾坤的伟业。

第09章　财富思维：奇思妙想，帮你打开变现之门

有效整合，资源少也能爆发出巨大的力量

　　成功并非从天而降一张大馅饼，也有可能天上只掉下面粉和馅料，这就要看你能否独具匠心地巧妙组合，将其变成馅饼。而这些面粉和馅料，就是所谓的资源。就像打牌一样，有的人侥幸抓到一手好牌，却因为不会经营惨遭失败；有的人虽然抓到一手坏牌，却通过不断地组合牌局，最终成为赢家。人生也是如此。人在一生之中，总会拥有各种各样的资源。大到人人都拥有的阳光、空气、水和土壤，小到做饭用的胡萝卜、洋葱和鸡蛋，或者是家附近的体育公园、社区活动中心、学校和医院，或者是工作中占有的各种有利条件。总而言之，只要认真观察，你会发现自己拥有各种各样的资源。你是一个富有的人。

　　遗憾的是，生活中大多数人都是贪婪而不知足的。他们面对自己拥有的一切总是视而不见，又对自己不曾拥有的诸多资源表示十分遗憾：为什么我没有这样的资源呢？其实，真正会

◯ **思维的变现**

利用资源的人,不会受到资源多寡的限制。相反,他们总是能够巧妙地运用心思,把自己拥有的有限资源整合起来,使其得到最大限度的利用,发挥出最大的效力和功用。如此一来,很少的资源也能爆发出巨大的能量,使你根本不比那些占有大量资源的人差。由此可见,高效合理地整合有效资源才能让你的人生柳暗花明又一村。

在现代社会中,人脉关系也是不可忽视的重要资源。那些能够把人生活得精彩,让事业绽放精彩的人,大多都是能够高效利用人脉资源的人。根据六度空间理论,这个世界上任何两个人,最多只要通过六个人就能相互结识。由此可见,人脉资源的能量是多么巨大。我们身边有很多可以利用和整合的资源。我们必须成为生活中的有心人,让这些资源得到有效整合,从而使其发挥出巨大的能量。这样做也能够给我们的人生增加更多的筹码和机遇,让我们的人生更加成功和顺遂。

参考文献

[1] 奥德斯基.思维变现[M].赵燕飞,译.北京:台海出版社,2019.

[2] 陈注胜.极限思考:开启财富破局思维[M].北京:经济管理出版社,2020.

[3] 加侬.个体突围[M].肖舒芸,译.南京:江苏凤凰文艺出版社,2020.

[4] 叶修.深度思维[M].北京:天地出版社,2018.